FINN MAYER-KUCKUK

Tokio To

W0073787

GOLDMANN
Lesen erleben

Buch

Das Leben in Tokio stellt sich unsereins mindestens genauso aufregend vor wie das in New York. Nur mit anderem Essen, einer viel zu komplizierten Sprache und quasi unüberwindbaren zwischenmenschlichen Missverständnissen. Nicht alles davon ist falsch. Und doch ist der Alltag in Japan in mancher Hinsicht viel leichter als der in Deutschland – wenn man sich daran gewöhnt hat, dass man Weintrauben schälen muss, dass man von jedem erdenklichen Automaten angesprochen und zurechtgewiesen wird und dass man immer und überall, ob geistig oder körperlich, Umwege in Kauf zu nehmen hat. Finn Mayer-Kuckuk achtet gerade auf das, was sich unterscheidet, obwohl es ähnlich aussieht. Er geht bevorzugt dahin, wo vor ihm noch keine Langnase gewesen ist. Und so unternimmt der Autor mit uns Streifzüge durch die Hauptstadt, führt uns aufs flache Land und in exotische Badeorte, wo die Menschen schon mal Deutschland mit Indien verwechseln, oder in Jugendherbergen, deren Straßenschuh- und Pantoffelzonen sich dem Nicht-Einheimischen nur schwer erschließen. Wir begleiten ihn in Karaokebars, Supermärkte, Teehäuser, Sake-Lokale und Themenrestaurants. Dabei kommt es zu den skurrilsten Begegnungen und wahnwitzigsten Ereignissen, die bei aller Komik auch immer wieder zu Irritationen und Erstaunen führen. Diesen Schwierigkeiten beim Verständnis einer wirklich einzigartigen Kultur und Gesellschaft geht Finn Mayer-Kuckuk in seinem äußerst amüsanten Buch nachdenklich schmunzelnd auf den Grund, ohne es dabei je an Liebe und Verständnis für seine japanischen Mitmenschen mangeln zu lassen.

Autor

Finn Mayer-Kuckuk wurde 1974 in Bonn geboren. Nach dem Studium der japanischen Kultur und Literatur besuchte er die Holtzbrinck-Journalistenschule und wurde Redakteur beim *Handelsblatt*. Nach mehreren Jahren in Tokio lebt er derzeit in Peking.

www.tokio-total.de

Finn Mayer-Kuckuk

Tokio Total

Mein Leben als Langnase

GOLDMANN

Verlagsgruppe Random House FSC-DEU-0100
Das FSC®-zertifizierte Papier *Holmen Book Cream* für dieses Buch
liefert Holmen Paper, Hallstavik, Schweden.

1. Auflage
Taschenbuchausgabe April 2012
Copyright © 2010
by Wilhelm Goldmann Verlag, München,
in der Verlagsgruppe Random House GmbH
Umschlaggestaltung: UNO Werbeagentur München
Umschlagmotiv:
© Corbis/Andreas Kunert; FinePic®, München
AG · Herstellung: Str.
Druck und Einband: GGP Media GmbH, Pößneck
Printed in Germany
ISBN 978-3-442-15706-8

www.goldmann-verlag.de

Inhaltsverzeichnis

Vorwort zu dieser Ausgabe

Im März 2011 bebte vor Nordostjapan die Erde. Eine gewaltige Flutwelle spülte an der gesamten Küste der Region Tôhoku die Häuser und Straßen weg und brachte ein Kernkraftwerk zur Explosion.

Für heutige Leser mit den Bildern der Katastrophe im Kopf klingen einige Stellen dieses Buches deshalb vermutlich überholt. Und die Fähigkeit der Japaner, mögliche Probleme zu ignorieren, wirkt plötzlich nicht mehr lustig, sondern tragisch. Doch auch wenn einige Stellen aus heutiger Sicht unpassend klingen mögen – im Kern hat sich nichts geändert. Ich überlasse es dem Leser, ob er das nun traurig findet oder schon wieder lustig. Doch die Japaner bleiben Japaner. Erste Bürgermeister werben bereits wieder darum, ihr Dorf zum Standort eines neuen, vermeintlich sicheren Kernkraftwerks zu machen.

Auch sonst kann ich versichern: Das Japan, das dieses Buch beschreibt, gibt es noch. Wegen Energiemangel wirkt Tokio heute nachts zwar etwas dunkel. Doch eine Naturkatastrophe bringt das Land nicht aus dem Gleichgewicht. Seine Kultur ist auf schreckliche Erdbeben eingerichtet. Auch die Reaktion auf die Atomkrise ist typisch nipponesisch. Ich würde sogar so weit gehen, zu sagen, dass es einige ganz japanische Eigenschaften waren, die ins Desaster geführt haben.

Ja, die Japaner sind Sicherheitsfanatiker. Doch zugleich haben sie ein Atomkraftwerk von 1971 einfach so an einer Tsunami-Küste stehen lassen und sich eingeredet, es werde schon nichts passieren. Japaner sind in der Lage, zwei widersprüchliche Gedanken gleichzeitig zu denken. Und sie sehen über unbequeme Wahrheiten einfach hinweg. Wenn plötzlich ein lebender Elefant im Tatami-Zimmer stünde – keiner würde darüber reden.

Doch obwohl die Entwicklung in Japan nicht völlig überraschend kam, ist meine eigene Haltung zu dem Land nicht mehr so einfach wie früher. Es verändert einen, die Folgen eines GAUs zu sehen.

Nach dem Erdbeben habe ich die Anspannung des Landes selbst miterlebt. Als die schlimmste Gefahr überstanden war, fuhr ich in die Provinz Fukushima hinauf. In der Nähe der Stadt Sôma sprach ich am Rande einer Landstraße einen Mann an, der Gummistiefel, leichte, pluderige Hosen und eine Windjacke trug. Es war keine der heiteren Begegnungen, wie ich sie sonst mit der schrulligen Landbevölkerung gehabt habe. Dieser Mann war wütend, sehr wütend. Ich ausländischer Journalisten-Schnösel aus der Großstadt lief ihm definitiv im falschen Moment über den Weg.

»Sind Sie vielleicht ein werter Herr Landwirt?«, fragte ich.

»Was soll das sein, ein Landwirt, der nichts mehr anbauen darf?«, blaffte er mich an.

»Was bauen Sie denn an?«

»Nichts mehr.«

»Und was haben Sie vorher angebaut?«

»Biologisches Gemüse.« Das sagte eigentlich alles. Die Regierung hatte die Auslieferung von Gemüse aus dieser Gegend verboten.

»Sind sie wütend?«, fragte ich in der Annahme, er würde auf den Energieversorger Tepco schimpfen – schließlich hatte der ein uraltes Kraftwerk unzureichend gesichert an der Küste stehen gelassen.

»Ob ich wütend bin!?« – Er starrte mich so zornig an, dass ich dachte, er ginge gleich auf mich los. »Lassen Sie mich doch einfach in Ruhe!« Der Rausschmiss war eindeutig. Ich kann nur vermuten, dass der Atomunfall seine Existenz für immer ruiniert hat.

Die Reise durch die zerstörten Landstriche hat mir zugleich aber auch die Stärke der japanischen Kultur gezeigt. Ein befreundeter Japanexperte hat mich auf folgenden Vergleich aufmerksam gemacht: Als in Amerika der Hurrikan Katrina die Stadt New Orleans traf, mussten Militär und Nationalgarde ausrücken, um Plünderungen zu verhindern – in Japan dagegen hielten die Bürger auch nach dem Beben die gute Ordnung aufrecht.

Selbst als eine atomare Wolke auf die Megametropole Tokio zuwaberte und Radioaktivität im Leitungswasser auftauchte, haben die Bürger in der bedrohten Großstadt ausgeharrt. Die Tokioter haben sogar freiwillig auf Hamsterkäufe verzichtet, weil nur so die Versorgung aller Einwohner funktionieren konnte.

Im März 2011 traf ich in Tokio meinen alten Freund Kenji. Er trug eine Atemmaske. »Heuschnupfen?«, fragte ich. »Falls was in der Luft ist, will ich es nicht einatmen«, gab er seine Atomangst zu. Ich nickte, auch wenn mir eine dünne chirurgische Maske zum Strahlenschutz etwas dürftig erschien.

Wir hatten uns am Nachmittag gerade in einem Café zusammengesetzt, als mich eine Nachricht erreichte: Eilige Pressekonferenz des *Citizen's Nuclear Information Center* zum Zustand von Fukushima Daiichi. Ich nahm Kenji einfach mit. So saßen wir wenig später mit einer Handvoll Journalisten im Konferenzraum.

Zwei Reaktortechniker erklärten ihre Deutung der Daten aus dem Kraftwerk: Wahrscheinlich sei der Kern schon längst angeschmolzen. Nach einer Weile fing Kenji an, sich Notizen zu machen wie die Journalisten – die technischen Erklärungen leuchteten ihm als Ingenieur sofort ein.

Hinterher gingen wir essen. »Sashimi?«, fragte ich. »Lieber Hühnerspieße«, antwortete er. Am Morgen war bekannt geworden, dass das Meer vor Fukushima tausendmal radioaktiver war als gewöhnlich.

»Die Erklärung von Herrn Goto fand ich ziemlich interessant«, sagte Kenji dann bei Kirin-Bier und Spießchen aus allem, was das Huhn hergibt. »Er klang ganz anders als die Experten im Fernsehen. Die wiegeln immer nur ab.« Tatsächlich hatten die japanischen Medien bisher eher Ruhe verbreitet, statt die Leute in klaren Worten aufzuklären.

Auch das ist Japan. Harmonie und Bürgerpflicht bis in den GAU. Diese Bravheit bis zur Selbstaufgabe ist die Kehrseite der disziplinierten Stärke des Landes.

Aber trotz aller Schattenseiten bin ich tief bewegt davon, wie Japan mit seinen schweren Verletzungen umgeht und wie es jetzt den Wiederaufbau anpackt. Daher meine Bitte: Bleibt Japan treu!

Herbst 2009

Tokio von oben, in der Dämmerung. Auf der Erde blinken in alle Richtungen die Lichter – wie ein zweiter Sternenhimmel. Um die großen Bahnhöfe herum wachsen Galaxien von Wolkenkratzern aus der Ebene. Sie scheinen von innen zu glühen, während die Werbebildschirme an ihren Fassaden grün, blau und rot flackern. Die großen Verkehrsadern treten zwischen den dunkleren Wohnvierteln hervor wie Sternbilder.

Das Beste ist: Dieser Blick kostet nichts. Oder fast nichts, denn ich stehe im obersten Stockwerk des örtlichen Rathauses in meinem Stadtteil Bunkyo. Zu dieser Aussichtsplattform kann jeder hinauffahren, der den Aufzug findet. Woanders zahlen Touristen zehn Euro für so einen Blick. Das Rathaus von Bunkyo liegt jedoch noch viel besser als die Empfehlungen der Reiseführer – die niedrig bebauten Wohnviertel ringsum geben den Blick über die Großstadtregion mit den weltweit meisten Einwohnern frei.

Japans Hauptstadt hat kein Gravitationszentrum, das sie zusammenhält. In Richtung der Vergnügungsviertel schimmert es rötlich, aus der Überstundenhölle des Bankenviertels fauchen grellweiße Fassadenscheinwerfer. Wer über Tokio hinwegblickt, sieht einen ganzen Kosmos unter sich ausgebreitet.

Manchmal genieße ich hier die Fernsicht, bevor ich auf dem Weg zu einem Termin in den Tunneln tief unter dem Gebäude in die U-Bahn steige.

Als Junge wollte ich Astronaut werden. Da es bis zur Erforschung fremder Planeten wohl noch ein wenig dauern wird, mache ich das Nächstbeste und erkunde Japan. Als Korrespondent des *Handelsblatts* schreibe ich vor allem über die Wirtschaft des Landes. Aber ich tauche auch tief in die Hauptstadt ein mit ihren etwa 150 000 Bars und Restaurants, den neonhellen Einkaufsstraßen, aber auch dunklen Ecken. In diesem Buch möchte ich Sie dahin führen, wo Touristen in Japan für gewöhnlich nicht hinkommen, und Ihnen dieses Land in Geschichten beschreiben, die meinen tiefen Respekt für seine Bevölkerung, aber auch all das Verwunderliche und Wunderbare an diesem Land ausdrücken.

Vom ersten Umgang mit Japanern

oder

Die Laute des Erstaunens

Tokio, das ist eine Klasse für sich. Als Weltmetropole ähnelt Japans Hauptstadt zwar durchaus New York oder Paris – vom Rest des Landes unterscheidet sie sich jedoch sehr. Das wahre Japan habe ich Jahre vor meinem Einsatz in Tokio bei einem Studienjahr in einer gottverlassenen Stadt auf dem Land kennengelernt. In Fukui war es zwar nicht sonderlich urban, dafür passierten aber umso skurrilere Dinge. Der Aufenthalt im ländlich-traditionellen Japan hat mir auch Gelegenheit gegeben, mich an die indirekte Ausdrucksweise der Japaner zu gewöhnen – die Laute des Erstaunens.

Tokio, 2009

»Mayer-san kann das nicht essen«, erklärte Yamahira-san und zog mir den Topf weg. Ich hatte mir gerade von der Suppe nehmen wollen. »Da sind Eingeweide drin«, erklärte er den anderen vier Japanern. »Deutsche mögen so was nicht.«

Ich machte einen enttäuschten Laut, während er mir den Griff zu der Tonschale mit schiefem Blick verwehrte. Eigentlich mochte ich Motsuni, eine dickflüssige Suppe aus Innereien. Ich verkniff mir meinen Protest jedoch. Yamahira-san war fünfundzwanzig Jahre älter als ich. Wenn ich jetzt darauf bestanden hätte, eben doch Darm und Niere zu mögen, dann würde er vor den anderen Japanern das Gesicht verlieren. Herr Yamahira hatte in Holland gearbeitet und galt als Experte für Europäer.

Ich nickte also höflich, gab die Innereien auf und wollte mir stattdessen ein Scheibchen Sashimi von der Platte mit dem rohen Fisch nehmen.

»Sei vorsichtig«, ermahnte mich Yamahira-san. »Du hast dir da ausgerechnet rohen Seeigel herausgepickt.«

Auf genau den hatte ich es ja abgesehen. Glücklicherweise konnte ich rechtzeitig eines der schaumigen Scheibchen mit den Stäbchen aufpicken, bevor mir Yamahira-san die Schale wegzog.

»Komischer Ausländer! Na ja, dann probier mal.« Er beobachtete mich beim Essen, als erwarte er im nächsten Augenblick einen Brechanfall.

Der Abend drohte, schwierig zu werden. Schon beim Hereinkommen war der Kellner untröstlich gewesen, dass er keine englische Speisekarte hatte anbieten können. »Es gibt keine Entschuldigung für unsere Unzulänglichkeit. Aber wir haben für Ihren amerikanischen Gast keine englische Speisekarte«, sagte er an mir vorbei zu Yamahira.

»Alles in Ordnung«, rief ich dem Mann auf Japanisch zu. »Solange Sie auch keine deutsche Karte haben, nehme ich einfach die japanische!« Er schaute nur verwirrt.

Als sich jedoch hinter dem nächsten Vorhang das eigentliche Lokal öffnete, war ich für die Behandlung als Außenseiter entschädigt. Der Laden lag im zweiten Untergeschoss eines Wolkenkratzers, doch der Innenarchitekt hatte die Atmosphäre eines Wirtshauses in der Bergeinsamkeit geschaffen. Die Illusion war so perfekt, dass der Besucher hinter den Papierfenstern die grün schimmernden Terrassen von Reisfeldern zu erahnen glaubte. Dahinter verbargen sich in Wirklichkeit dicke Betonwände.

Jede Gruppe von Gästen saß in einem eigenen stilisierten Häuschen an einem niedrigen Tisch. Den Boden bedeckten traditionelle Tatami, also schwere goldgelbe Matten aus Reisstroh und Binsen. Zu den Eingängen der Hütten führten Trittsteine, zwischen die grober Kies gestreut war wie im Steingarten. An einer Wand ergoss sich ein kleiner Wasserfall in einen Bach, der ein Rad mit Bambuskellen antrieb. Die Jungen und Mädchen vom Personal hatten traditionelle japanische Yukata an und brachten uns eine Speisekarte, die scheinbar per Hand auf eine Schriftrolle aus Bambusstreifen gepinselt war.

Yamahira-san füllte alle unsere Biergläser auf, die wir dann erhoben: »Kanpai!« – Prost.

Wir waren an diesem Abend sechs Leute, darunter ich als einziger Ausländer, wir alle in Hemd und Anzughose, der Standarduniform im Tokioter Sommerleben. Ich weiß bis heute nicht, ob ich diese Treffen als Arbeit betrachten sollte oder als Vergnügen. Yamahira-san, sein Kollege und ich waren Journalisten. Wir versuchten an diesem Abend, aus den drei Wirtschaftsleuten herauszubekommen, was gerade in ihren Unternehmen passierte. Warum die Manager mit uns trinken gingen, weiß ich nicht so genau. Es kann nur zum Teil damit zu tun haben, dass wir die Rechnung bezahlten. So ungeheuer teuer war das Essen nicht. Vielleicht wollten sie sich wichtig machen, vielleicht wollten sie einfach Kontakte knüpfen. Yamahira-san, Universalredakteur für völlig verschiedene Themengebiete bei einer großen Zeitschrift, führte die Regie.

Als unsere Gläser mit Bier, Sake und Reisbranntwein plötzlich klirrend wackelten, blickte ich ängstlich auf. Ein Erdbeben? »Nein, Finn-san, das war nur die U-Bahn, die hinter dieser Wand fährt«, sagte Yamahira-san.

Als ich den Seeigel aß, spürte ich sechs Paar diskreter Blicke auf mir. Noch auffälliger zu starren wäre unhöflich gewesen. »Er isst tatsächlich Seeigel«, meldete sich schließlich einer. »Wow, Mayer-san, das ist ja toll.« – »Aber irgendwie ist er ein komischer Ausländer!«

Das alles war fürsorglich gemeint, aber es nervte. Langfristig war es vielleicht sogar gefährlich für die Psyche. Ich hatte an älteren Japanveteranen eine gefährliche Sucht nach dieser übersteigerten Aufmerksamkeit beobachtet. Nach Jahrzehnten im Land haben sie sich daran gewöhnt, im Mittelpunkt zu stehen. Denn für die Japaner bleiben wir immer faszinierend: langnasige Wesen, die natürlich keine richtigen Menschen sind, aber irgendwie sprechen und Sashimi essen können – fast wie sie selbst. Das war vermutlich auch der Grund, warum ich an diesem Abend dabei sein durfte.

Wie immer in Japan hatten wir gemeinsam bestellt und aßen auf kleinen Tellerchen jeder von allem etwas. Als mein Tischnachbar, Mitarbeiter eines Großunternehmens, mir ungefragt alle Gerichte erklärte, machte ich brav die typischen Laute des Erstaunens, die in Japan einen guten Teil der Verständigung ausmachen. Um sie hervorzubringen, stoßen die Nipponesen einen langgezogenen Laut summend durch die Nase aus: »Hnnnnnnnnn!«

Mit diesen Lauten lässt sich notfalls ein ganzes Gespräch bestreiten. Für Japaner haben sie den riesigen Vorteil, sich inhaltlich nicht festlegen zu müssen. Sie können die Interpretation schön vage ihrem Gegenüber überlassen. In diesem Fall meinte ich: »Du langweilst mich und erzählst mir nur Sachen, die ich längst weiß!«, aber bei meinem Gegenüber kam an: »Nein, wie faszinierend, endlich eröffnet sich mir das wahre Japan. Bitte, nur weiter so!«

Die Kellnerin in Yukata mit Headset brachte eine Schale mit Kreiselschnecken, japanisch Sazae. Das Fleisch dieser Seeschnecken schmeckt leicht nussig und leistet beim Draufbeißen angenehm knackend Widerstand. Eine Delikatesse. Der Kellner stellte die Schale zufällig in meine Nähe. Yamahira-san streckte die Hand danach aus.

»Achtung, Finn-san, das sind Schnecken, so was mögen ...«

»... Deutsche sehr wohl!«, rief ich, packte die Schale und hob eine Schnecke auf mein Tellerchen. Eigentlich hätte ich erst Zurückhaltung üben und anderen Anwesenden den Vortritt lassen müssen.

»Außerdem mag ich auch *Eingeweide* und, wie Sie gesehen haben, *Seeigel.*« Das war nun bereits ziemlich dreist von mir.

Wenn es eines gibt, wovon alle Japaner fest überzeugt sind, dann ist es die Einzigartigkeit ihrer Kultur. Kein Ausländer wird jemals die Essgewohnheiten auf den heiligen Inseln durchschauen, und kein Ausländer wird jemals all die kleinen Regeln des Miteinanders verinnerlichen. Zumindest glauben das die Japaner fest, denn sie lernen es bereits als Kinder. Auch die Deutschen, die Briten oder die Franzosen halten sich für etwas Besonderes. Aber welcher Deutsche denkt schon, dass ein Ausländer seine Liebe zur Currywurst nie verstehen wird?

Die Japaner haben jedoch gute Gründe, an ihre eigene Sonderlichkeit zu glauben. Der wichtigste davon dürfte sein, dass sie selbst ihr Land offenbar nur mühsam begreifen. Fernsehsendungen erklären viele Stunden am Tag japanische Spezialitäten und ihre Essweise. Ganze Bibliotheken befassen sich mit dem richtigen Gebrauch der Höflichkeitssprache. Wenn Japaner mir gegenüber zu einer langen Erläuterung ausholen, wie ich mit der U-Bahn von A nach B fahren kann, fühle ich mich veräppelt. Doch viele von ihnen finden das Tokioter Liniennetz selbst ziemlich kompliziert. Umsteigetipps gelten als beliebtes Gesprächsthema.

Japanische Touristen tappen ihrerseits oft hilflos durch Venedig, München und all ihre anderen Lieblingsziele, wenn sie mal als Individualtouristen hinfahren. In Rom hat kürzlich ein japanischer Tourist eine Rechnung von 695 Euro für ein Mittagessen bezahlt, weil der Wirt eben diese Summe verlangt hatte und der Gast nicht widersprechen wollte. Der Fall wurde ziemlich bekannt, da der italienische Tourismusminister sich im japanischen Fernsehen dafür entschuldigte. Die Nipponesen nehmen daher an, wir Europäer würden uns in Japan ebenfalls schwertun. Außerdem stellen sich weiße Langnasen in den Vorabend-Fernsehserien grundsätzlich ungeschickt an. Sie ziehen am Eingang die Schuhe nicht aus und strecken ihrem Gegenüber einen Arm für den Handschlag hin, obwohl eigentlich eine Verbeugung üblich ist. Dazu gehört auch der Amerikaner aus der Werbung von McDonald's: »Mr. James« trägt knallbunte Hemden, spricht

Japanisch mit einem völlig übertriebenen Ami-Akzent und benimmt sich überhaupt unheimlich putzig.

Ein »komischer Ausländer«, wie mich Yamahira-san genannt hatte, ist daher nicht etwa ein Fremder, der den rohen Seeigel in den Grüntee des Tischnachbarn dippt, weil er denkt, das sei die Soße dafür. Nein, das wäre ein *normaler* Ausländer. Ein komischer Ausländer ist ein Nichtjapaner, der Seeigel zu essen versteht.

Als wir viele Gänge und Sake-Runden später wieder oben vor der Tür standen, seilte ich mich ab. Yamahira-san organisierte zwar noch einen »Zweittreff«, also den nächsten Stopp in einer Kneipentour, aber ich ahnte, dass er mich nach dem Seeigel-Aufstand piesacken würde. Ich schob daher einen frühen Termin am nächsten Morgen vor und murmelte vor mich hin, dass ich heute Abend noch einiges im Büro zu tun hätte wegen der Zeitverschiebung zu Deutschland. In den Gängen unter dem Hochhaus suchte ich den Durchgang zur U-Bahn und zog mein Handy aus der Tasche.

»Moshi, moshi!«, meldete sich eine Stimme.

»Kenji?«, fragte ich.

»Ja, ich bin's, Kenji.«

»Bist du noch im Büro?«

»Leider.«

»Wollen wir am Götterfreudenhügel noch ein Feierabendbier trinken?«

»Zufällig geht der Chef gerade, ich kann jetzt also auch los.«

»Vor Ausgang B3.«

Als Nächstes schickte ich meiner alten Freundin Akiko eine Kurznachricht: »Wollen wir was trinken gehen? Wir könnten uns in 20 Minuten am Kagurazaka treffen, Iidabashi B3. Kenji kommt auch.«

Am Götterfreudenhügel, auf Japanisch Kagurazaka, trafen wir uns öfter. An dem Kanal zu seinem Fuß liegt ein Caféboot mit Blick auf die S-Bahn-Linie am anderen Ufer. Von dort zieht sich eine Straße mit hunderten Bars und Restaurants einen Abhang hinauf in Richtung eines buddhistischen Tempels. Links und rechts werben steile Schriftzeichen für Grillläden, Sushimeister oder Nudelküchen. Akiko kam als Erste die Treppe von Ausgang B3 herauf.

»Soso, du triffst dich also eigentlich mit Kenji, und ich werde nur dazugeladen.«

»Das war nur zufällig die Reihenfolge, in der ich euch Bescheid gesagt habe«, verteidigte ich mich. »Du bist doch am wichtigsten!«

Solche Äußerungen waren sprachlich immer etwas riskant für mich. Mein Japanisch reichte jetzt, im zweiten Jahr als Korrespondent, zwar für umgangssprachliche Nettigkeiten aus, aber ich bekam die Zwischentöne oft nicht hin. Dann kippte ein Kompliment um zur plumpen Anmache, oder es klang umgekehrt so schwach, dass es abwertend ankam. Doch diesmal schien ich den beabsichtigten Ton einigermaßen getroffen zu haben.

»Das sagst du sicher nur so.«

Akiko war zwei Köpfe kleiner als ich, kam mir aber durch ihr burschikoses Auftreten immer etwas größer vor. Viele Japanerinnen kleiden sich wie kleine Mädchen und geben sich betont feminin mit vielen Rüschen und kurzen Röckchen. Akiko machte das nicht mit. Sie trug T-Shirt und Jeans.

Kenji stieg die Treppe hinauf. Er hatte Anzughose und

Hemd an, wie ich. Jacketts sparen sich die meisten Arbeitnehmer im Hochsommer.

»Wie wäre es mit der Izakaya mit Gerichten aus Yamanashi?«, schlug Kenji vor. Eine Izakaya ist eine Kneipe im japanischen Stil. Die Präfektur Yamanashi grenzt an Tokio – das verhält sich also etwa so, als böte ein Laden in Berlin Spezialitäten aus Brandenburg an.

Wir waren schon öfter da gewesen. Es bedienten eine ältliche Wirtin, ihre Tochter und ihre Enkelin. Die Männer der Familie kochten: der ältliche Wirt, sein Schwiegersohn und ein Junge. Ich hielt ihn für den Freund der Enkelin. Die mittlere der drei Frauen brachte uns dampfend heiße Tücher, um Hände und Gesicht zu erfrischen. Kenji und ich tranken Bier, Akiko einen Oolong-Hi, eine Mischung aus halbfermentiertem Tee und Reisbranntwein auf Eiswürfeln.

»Wir machen jetzt immer besonders viele Überstunden, weil in der Wirtschaftskrise die Aufträge weggebrochen sind«, erzählte Kenji von seinem Arbeitstag.

Ich machte Laute des Erstaunens.

»Es gibt zwar weniger zu tun, aber unser Abteilungsleiter hält größere Anstrengungen für ein Allheilmittel gegen die Krise«, fuhr Kenji fort.

»Was macht ihr in der ganzen Zeit?«

»Wir tun so, als seien wir schrecklich beschäftigt, bis der Chef spätabends endlich geht. Ich lasse die jüngeren Kollegen Akten digitalisieren, die schon ewig herumstehen.«

»Wir haben auch weniger Aufträge, aber dafür gehen wir jetzt schon am frühen Nachmittag nach Hause, wenn nichts anliegt«, sagte Akiko. Sie arbeitete bei einem deutschen Unternehmen. Ihr Chef lehnte sinnlose Überstunden ab.

Auch ich erzählte von meinem Abend. »Ich war Diensttrinken mit einem Haufen alter Knacker aus der Industrie, die mir Sazae-Schnecken verbieten wollten. Angeblich, weil Ausländer das nicht essen können.« Akiko machte amüsierte Laute des Erstaunens.

Während der zweiten Runde vergaßen wir den Beruf und redeten stattdessen über die Breite der Nudeln, die vor uns in der Suppe schwammen. Das sind typisch japanische Gesprächsthemen – simpel und konkret wie die Sommerhitze oder die neue Frisur eines Ansagers im Fernsehen. Jetzt waren es die Nudeln.

»Diese Hôtô sind noch breiter, als Hôtô sonst schon immer sind«, behauptete Kenji. Er hatte die Nudelsuppe bestellt, weil er noch nicht zu Abend gegessen hatte. Außerdem trinkt in Japan keiner was, ohne auch zu essen.

»Also, mir kommen diese Hôtô ziemlich normal vor«, fand Akiko, ließ eine Nudelprobe über ihrer Schale von den Stäbchen herunterhängen und beäugte sie vor dem Einschlürfen. Japaner saugen Nudeln direkt aus der Schale in den Magen.

Kenji und ich blickten unsere Nudeln ebenfalls an und machten Laute des Zuhörens, die denen des Erstaunens ganz ähnlich sind, aber am Ende nicht in die Höhe gehen.

Atami, 1995

Das erste Mal hatte ich diese Laute ziemlich genau vierzehn Jahre vorher gehört – von demselben Kenji. Ich war 1995 mit dem Rucksack durch Japan gereist und blieb die erste

Woche bei einer Gastfamilie, die mir Verwandte vermittelt hatten. Damals hatte ich die Laute des Erstaunens bei jüngeren Japanern noch für ein reines Zeichen von Blödheit gehalten und ihren praktischen Wert nicht erkannt. Mir war außerdem nicht klar, dass ich umgekehrt als Ausländer erst einmal viele große Laute des Erstaunens hätte machen sollen, statt den Japanern etwas über Deutschland und über Japan zu erzählen.

In den Monaten davor hatte ich »Langenscheidts Praktisches Lehrbuch Japanisch« durchgearbeitet, aber das reichte noch längst nicht für echte Konversation. Die Verständigung lief damals noch in lückenhaftem Englisch ab.

Ich saß mit Kenji, dem Sohn der Familie Matsubara, am Küchentisch. Da kannte ich ihn gerade mal seit zwei Tagen. Er war ein Jahr jünger als ich. Die Gastmutter, Matsubara-san, hatte große blaue Weintrauben auf den Tisch gestellt.

Ich nahm mir eine Traube und aß sie. Kenji starrte mich fasziniert an. Dann rief er plötzlich: »Hey, Mama, komm mal her, guck mal!«, und zu mir gewandt: »Iss noch mal eine!«

Ich runzelte die Stirn und sah ihn an. Inzwischen war die Mutter dazugetreten. »Was soll das, Kenji?«

»Iss!«, fordert mich Kenji auf.

Zögernd steckte ich eine Traube in den Mund und aß sie. Kenji guckte fasziniert. Die Mutter zog eine Augenbraue hoch und schalt dann ihren Sohn: »Nun, das ist zwar bemerkenswert, aber so außergewöhnlich ist es nun auch wieder nicht. Andere Länder, andere Sitten. Wir müssen da tolerant sein.« Sie ging zu ihrer Hausarbeit zurück. »Kenji? Was ist seltsam an meiner Art, Trauben zu essen?«

»Du isst die Schale mit.«

Neben die Trauben hatte die Mutter einen kleinen Teller auf den Tisch gestellt. Kenji hatte seine Trauben ausgezutzelt und die Schalen auf das Tellerchen gelegt. Er glättete sie sogar und faltete sie ordentlich zu einem Dreieck, bevor er sie auf dem Abfallteller auffächerte. Erst später verstand ich, dass sich das so gehört. Andere Japaner machen das auch so.

»Ihr esst die Trauben ohne Schale?«

»Ja, klar. Wir essen auch die Schalen von Mangos, Kiwis oder Melonen nicht.«

»Aber die Schalen dieser Früchte kann man gar nicht essen.«

Jetzt kamen sie zum ersten Mal, die Geräusche des Erstaunens. »Hnnnnnnn«, langgezogen, etwas in die Höhe gehend. Er wollte damit wohl sagen: »Die von Trauben auch nicht!«, oder »Wenn man schon Traubenschalen essen kann, bin ich mir wegen der Mangos auch nicht mehr so sicher«, aber sagte es erst mal nicht. Schlagfertigkeit gehört in Japan nicht zum guten Ton. Sie wirkt nicht harmonisch.

»In der Schale von Trauben sind doch die meisten Vitamine und der meiste Geschmack«, sagte ich. »Ihr werft ja das Beste an der Frucht weg«, belehrte ich Japan.

Kenji machte erneut langgezogene Laute des Erstaunens. Einfach zu widersprechen, das wäre zu direkt. Doch dann sagte er mit ganz harmlosem Blick: »Ich glaube, Trauben sind in Japan außen mit irgendwas behandelt, das nicht so gut für den Körper ist.«

Hatten die Trauben nicht von Anfang an etwas chemisch geschmeckt? Irgendwie sahen sie plötzlich auch nicht mehr so lecker aus.

Das traditionelle Holzhaus der Matsubaras war über eine Steintreppe zwischen moosbewachsenen Natursteinen mit einem Gewirr alter Straßen und Gassen verbunden, die sich von der Pazifikküste den Berg hinaufzogen. In den Wäldern der Umgebung befanden sich viele kleine Heiligtümer. Kenjis Mutter schickte uns zu einem der nahen Schreine, damit wir dort beteten. Am Schrein zeigte mir Kenji, wie die Japaner mit den Göttern sprechen. Sie reinigen Hände und Mund erst rituell mit Quellwasser. Vor der heiligen Halle werfen sie Geld in den Kasten. Münzen mit einem Loch drin bringen besonders viel Glück, also das Fünf- und das Fünfzig-Yen-Stück. Dann klatschen sie in die Hände, bringen still die Bitte an den Gott vor, verbeugen sich und treten ab. Die Verbeugung scheint der wichtigste Punkt zu sein.

Kenji holte ein Paket von Gatsby-Tüchern aus der Tasche. Ich hatte ihn schon damit beobachtet. Es schien so eine Art größere Erfrischungstücher zu sein. »Damit wischt man sich das Gesicht ab«, sagte er und tat's. »Sie halten die Haut frisch und rein und beugen nebenbei Pickeln vor.«

Mir war in den zwei Tagen in Japan bereits aufgefallen, dass junge japanische Männer ziemlich viel Wert auf ihr Äußeres legen. Kenji verbrachte viel Zeit damit, seine Frisur zu stylen. Wenn seine Freunde vorbeikamen, trugen sie die Haare ebenfalls aufwändig zurechtgemacht. Und wo ich ein einfaches blaues T-Shirt trug, hatte er eines mit Goldaufdruck und Stickereien an.

»Wofür hast du jetzt gebetet?«, fragte ich.

»Ist doch klar. Für Erfolg bei der Prüfung! Deshalb hat mich meine Mutter ja in Wirklichkeit hergeschickt«, sagte

Kenji. »Sie selbst kommt vermutlich jeden Tag einmal hier vorbei und fleht um hohe Punktzahlen für mich.«

Mit Kenji fuhr ich auch die anderthalb Stunden im Regionalzug nach Tokio. Wir bewunderten im Kaufhaus Pfirsiche, die pro Stück 70 D-Mark kosteten. Wir blickten in Ikebukuro vom Wolkenkratzer Sunshine 77 über die Stadt. Im Stadtteil Shibuya beglotzten wir die außerirdischen Gothic-Jugendlichen. In Japan wird es schnell dunkel, und plötzlich fanden wir uns in einer völlig veränderten Ausgehwelt zwischen rot und gelb blitzenden Leuchtreklamen wieder. Kenji steuerte einen preiswerten Yakiniku-Laden an, wo die Gäste dünne Fleischscheiben am Tisch selber grillen.

»Was trinkst du?«, fragte Kenji.

»Bier«, sagte ich.

Kenji zögerte einen Moment, winkte der Kellnerin, zögerte noch mal und bestellte dann zwei Bier. Wir stießen an. Aßen und tranken. Bestellten noch ein Bier. Aßen zu Ende und bestellten vor dem Heimweg noch eine dritte Runde.

»Hoffentlich gibt es keine Razzia«, sagte Kenji plötzlich scherzend, aber nicht ganz unernst.

»Wieso?«, fragte ich und setzte das Glas an die Lippen

»Bier ist in Japan erst ab 20 erlaubt. Ich bin noch 19. Aber hier in Shibuya stört das die Leute nicht so.«

Vor Erstaunen prustete ich in meinen Bierschaum.

»Das ist nicht dein Ernst? Bier? Ab 20?«

»So wie Zigaretten auch. Mein Trinken hier war die ganze Zeit illegal. Alkohol ist in Deutschland vermutlich schon ab 18 erlaubt?«

»Ab 16, Kenji, ab 16. Und wir haben uns auch vorher schon auf Partys abgeschossen.«

Was machte Kenji, als er das hörte? Laute des Erstaunens.

Kenji hatte in Ikebukuro allerdings nicht zum ersten Mal Alkohol getrunken. Die Matsubaras kauften sogar für mich als Deutschen besonders viel Bier ein, und Mutter Matsubara versammelte mir zu Ehren weitere Familienmitglieder zum Grillen auf der Terrasse. Es kamen die Oma aus dem Nachbarort und Kenjis ältere Schwester, die als Büroangestellte in Tokio arbeitete. »Sie will dich unbedingt angucken, hat sie gesagt«, verriet mir Kenji.

Japaner grillen zu Hause entweder auf einem kleinen, schweren Tongrill oder auf einer heißen Eisenplatte. Heute Abend baute Vater Okayama die elektrische Eisenplatte auf dem Gartentisch auf.

An diesem Abend war das Wetter schön, die Luft glasklar. Vor uns erstreckte sich die Weite des Pazifiks. Es sah aus, als könnten wir bis nach Amerika hinüberblicken, wenn die Erde nicht gekrümmt wäre. Zum ersten Mal konnte ich die lange Reihe von Inseln erkennen, die von Tokio aus viele hundert Seemeilen ins Meer hinausreichen.

Die Familie wohnte in einem traditionellen japanischen Holzhaus: einstöckig, auf Steinen gelagert ohne Keller, die meisten Zimmer mit Tatamimatten ausgelegt. Den echten alten Eingang benutzten die Matsubaras nicht mehr – alle nahmen immer die Seitentür zur Küche. Deshalb war dort auch eine Eingangsstufe angebaut: eine Fläche zum Ausziehen der Schuhe. Ins Haus musste der Gast eine Stufe hochsteigen, und dann stand er in der Küche. Links ging ein Gang ab, den papierbespannte Schiebetüren von den Räumen dahinter trennten, alle mit Tatami ausgelegt. Eine lange Front von Glasscheiben ging nach vorne hinaus und öffnete den Blick über den Pazifik. Von hier aus war ich in den kleinen Garten mit knorrig-krummen Zedern hinabgestiegen. Ich trank mit Herrn Matsubara Bier, als die Oma den Pfad entlangkam.

»Obâ-san, das ist unser Gast«, sagte Herr Matsubara. Er sagte es besonders deutlich, damit die Obâ-san es auch verstand.

»Ach so«, sagte sie.

»Aus Deutschland!«

»Ah. Ah. Ich war auch schon in Deutschland!«, verkündete die Oma. »Vor vielen Jahren. Da gab es viele Blumen.«

Ich zog die Augenbrauen hoch.

»Aber Obâ-san. Das war doch Indien«, sagte der Vater.

»Jaja, Indien, sagte ich doch«, erwiderte die Oma.

»Ich bin aus Deutschland in Europa«, stellte ich mit meinem begrenzten Japanisch klar.

»Er kann ja sprechen«, wunderte sich die Oma. »Von Deutschland ist doch jetzt nicht mehr Bonn die Hauptstadt …«

So viel hatte ich verstanden. »Ja, genau!«

»… sondern München, wo auch Schloss Neuschwanstein liegt«, fuhr die Oma fort.

»Aber Obâ-san …«, sagte ihr Sohn. Er erklärte ihr etwas Längeres auf Japanisch, was sie mit einem irritierten und ungläubigen Blick quittierte, als wollte sie sagen: Lass den mal nur wieder reden. Sie kehrte stattdessen zum Wesentlichen zurück. Herr Matsubara übersetzte ihre Frage: »Bist du verheiratet?«

Als ich verneinte, schaute sie missbilligend.

Kenjis ältere Schwester beschäftigte sich unterdessen mit dem, was japanische Frauen als ihre Pflicht und Berufung ansehen: emsige Hausarbeit. Sie und ihre Mutter schnitten in der Küche Fleisch und Gemüse. Den Möhrenscheiben gaben sie die Form von hauchfeinen, geometrisch deckungsgleichen Rechtecken. Die Pilze erhielten auf dem Kopf eine dekorative sternförmige Einkerbung. Alles lag dann so geschmackvoll ausgebreitet auf den Platten, dass ich es fast schade fand, den ganzen Segen einfach zu grillen. Glücklicherweise übernahm Herr Matsubara als Oberhaupt der Familie den brutalen Teil und schaufelte eine erste Runde von Fleisch und Gemüse auf die heiße Platte. Was fertig gebrutzelt war, pickten wir uns mit den Stäbchen heraus und tunkten es in verschiedene Soßen.

Herr Matsubara fragte mich, ob ich Student sei, und ich sagte, ich leiste meinen Militärdienst ab und sei Soldat. Laute des Erstauens – schließlich ist Japan offiziell ein pazifistisches Land und kennt keine Wehrpflicht. »Es ist völlig normal, erst mit 27 oder sogar über 30 mit dem Studium fertig zu werden und dann langsam auf Arbeitssuche zu gehen.« Diese unvorstellbaren Geschichten über das exotische Deutschland lösten Laute des Erstaunens bis zum Ende der Mahlzeit aus.

»Und jetzt ins Ofuro!«, befahl Mutter Matsubara nach Essen und Tee. In Atami sprudelte überall heißes Vulkanwasser aus der Bergflanke, und das Haus meiner Gastfamilie war über ein Rohr an eine heiße Quelle angeschlossen, die in einiger Entfernung unter einer Anlage aus Beton und rostigen Röhren dampfte. Im Baderaum des Hauses lief eine im Boden eingelassene Holzwanne voll, in der wir uns abends nach dem Duschen aufweichen konnten.

Die Familie lebte auch sonst ziemlich traditionell. Zum Frühstück stellte die Hausfrau Schalen mit Reis auf den Tisch. Dazu gab es Miso-Suppe vom Vorabend oder eine Eierstich-Suppe aus der Fertigtüte. Jeder aß außerdem eine Packung Nattô. Das sind handtellergroße Plastikschalen mit Bohnen, die durch Gärung ein nussig-würziges Aroma erhalten. Manchmal gab es auf den Reis auch noch ein Stück Fisch oder ein Spiegelei.

Die Mutter stand zwei Stunden vor allen anderen auf, richtete die Essenspackung für Schule und Büro und bereitete das Frühstück vor. Sie fing vor sechs Uhr morgens an, den Reis zu waschen. Die Frauen wenden in Japan enorme Kraft auf, um in einer Schüssel die Stärkehülle der Körner abzuschaben. Als ich ihr erzählte, dass wir in Europa unseren Reis nicht waschen, machte sie Laute des Erstaunens. Das Ritual hatte für sie auch etwas mit der geistigen Reinheit des Essens zu tun. Für mich sah es aus wie sinnlose Arbeit.

Ich reiste für eine private Rundreise durchs Land ab. Kenji und seine Mutter brachten mich zum Bahnhof und rieten mir, erst mal das Wichtigste einzukaufen: Bento, also eine Essenspackung. Das sind Kästchen mit Reis und Köstlichkeiten aus Fisch, Fleisch und Gemüse. Am Bahnhof von Atami gab es zehn verschiedene Sorten von Esskästchen, alle zwar mit Bild angepriesen, doch nur in Zeichensprache beschriftet. Ich nahm eins für 850 Yen und besorgte mir eine Reservierungskarte bis Kioto.

Kenji und Matsubara-san durften mich nur bis zur Fahrkartensperre am Eingang des Bahnhofs begleiten. Ich zeigte dem Mann meinen Touristenpass und ließ die Gastfamilie hinter mir. Als ich den Gang des Bahnhofs hinabging, freute ich mich, endlich selbstständig ins wahre Japan entlassen zu sein.

Bisher kam mir das Land ganz einfach vor. Ich verstand gar nicht, warum einige Leute es schwierig fanden. War doch eigentlich alles glasklar hier.

Zehn Minuten später saß ich im falschen Zug.

Kenji hatte mir eingeschärft, mich am Bahnsteig an der richtigen Markierung anzustellen. »Das ist hier anders als bei euch in Amerika… äh… Deutschland. Die Züge halten genau da, wo auch die Türen der Wagen auf dem Bahnsteig angezeigt sind. Da steht man dann in einer Reihe zum Einsteigen an, auch wenn man eine Reservierung hat.«

Oben hörte ich einen Zug rauschen. Ich wusste, in welcher Richtung Tokio lag, also musste es nach Kioto von dem gegenüberliegenden Bahnsteig des Schnellzugbahnhofs abgehen. Als ich mit der Rolltreppe oben ankam, warnten bereits Durchsagen und Warnsirenen, dass der Shinkansen weiterfahren wollte. Ich konzentrierte mich total darauf, in den korrekten Wagen einzusteigen. Auf meiner Reservierungskarte waren Wagen- und Platznummer aufgedruckt: １５号車６番Ｄ席. Wagen 15, bis da war es noch ein Stück. Ich hetzte den Bahnsteig entlang bis zu der Stelle, wo sich die Türen des Wagens gerade schlossen, und sprang in den Zug. Rote Lampen blitzten, ein Warnklingeln ertönte, die Tore an der Bahnsteigabsperrung schlossen sich. Zwei Sekunden vor der offiziellen Abfahrzeit ruckte der Wagen an.

Im Zug packte ich meine Essensbox aus und staunte. Ich zählte erst einmal die verschiedenen Köstlichkeiten, indem ich mit den Stäbchen auf jede einzelne zeigte. Es waren 30 verschiedene kleine Gerichte. Da gab es eine dünne Scheibe Entenbrust, eine Garnele, ein Wachtelei, etwas Huhn mit Currygeschmack, ein Stück spröden Fisch mit roter Haut und einen saftigen Fisch mit bläulicher Haut. Ein grünes Gemüse schmeckte nach Sesam, und ein Stück Kartoffel war süß glasiert. Am Rande fanden sich noch bunt eingelegte Stücke von Rettich und Aubergine, gedünstete Lotuswurzelscheiben oder kleine gebratene Pilze, alles winzig, aber zusammen genommen eine ganze Menge zu essen. Und das war an einem Bahnhof gekauft! Ich lehnte mich zufrieden in meinem Sitz zurück und blickte den Gang des Großraumwagens entlang. Mein Blick fiel auf den Schaffner, der gerade durch die Tür des Wagens gekommen war. Er nahm seine Schirmmütze ab, hielt sie sich vor den Bauch und verbeugte sich tief vor seinen Fahrgästen. Dann prüfte er die Fahrkarten – eigentlich völlig überflüssig, dachte ich, es gibt doch Sperren am Bahnhof.

Als er meine Reservierungskarte erblickte, verbeugte er sich und sagte: »Train goes not to Kyoto, goes to Tokyo.« (Japaner nehmen grundsätzlich an, dass Ausländer ihre Sprache nicht können. Damals fand ich das praktisch. Es fing erst an zu nerven, als ich besser Japanisch konnte.) Ja, ich saß im richtigen Wagen, auf dem richtigen Platz, worauf ich mir einiges eingebildet hatte, aber ich fuhr in die falsche Richtung. Ich hatte zwar gewusst, in welcher Richtung Kioto lag. Doch ich hatte nicht bedacht, dass die Züge hier auf dem linken Gleis fahren.

In der ersten Woche hatte ich immer einen Japaner dabei gehabt, der mir schon vor der Gefahrenstelle auf Englisch ins Ohr flüsterte, was ich zu tun hatte. Jetzt ahnte ich, dass ich Japan bisher auf dem einfachsten Schwierigkeitsgrad gespielt hatte.

Im Jahr 1995 stand der Yen zwar hoch, doch die Reise war gar nicht sonderlich teuer. Zum Frühstück aß ich immer das gleiche Currybrötchen, das die Minimarktkette Lawsons anbot. Mittags bestellte ich beim jeweils nächstgelegenen Nudelmann dicke Weizennudeln mit süßem Tofu, weil mein Sprachführer diese Bestellung zufällig als Beispielsatz anbot: »Kitsune-Udon wo onegai shimasu.«

Meine Bleibe in Kioto gehörte nicht zum Jugendherbergsverband, sondern war als »Volksherberge« ausgewiesen – so japanisch wie es irgend geht. Ich hatte den Ort ziemlich suchen müssen und war dafür einige Kilometer auf einer einsamen Landstraße entlanggewandert. Zwischendurch fuhren mehrere Omnibusse an mir vorbei. Ich würde nie erfahren, wo sie abfuhren. Links und rechts erstreckten sich Büsche, aus denen Zikaden girrten. Riesige Farne ließen mich an Urzeitfilme denken. Es hätte mich gar nicht gewundert, wenn zwischendurch ein Tyrannosaurus seinen Kopf aus dem Dickicht gestreckt hätte. Heiß genug war es jedenfalls, und klebrig durch die hohe Luftfeuchtigkeit. Eine handtellergroße Libelle griff mich an und landete in meinem Nacken. Unter den Rucksackriemen wurde mein T-Shirt klatschnass. Schweißtropfen fielen auf den Stadtplan, den ich am Bahnhof gekauft hatte. Mir fiel auf, dass beide Flüsse, die ich überquerte, ordentlich in schnurgeraden Betonrinnen flossen.

Die Rezeption bestand nur aus einer Kasse neben dem Eingang. Nach einigem Rufen kam von hinten eine Frau in Schürze hervor, fragte, ob ich der »Mayer« mit der Reservierung sei, gab mir meinen Schlüssel und zeigte nach oben. Das Zimmer lag im ersten Stock. Ich griff meinen Rucksack und begann, die Treppe hochzustapfen.

Ich brauchte bis zum ersten Treppenabsatz, bis ich die Geräusche hinter mir als Panikrufe der Wirtin erkannt hatte. Schwerfällig drehte ich mich um und drohte dabei, eine Blumenvase mit dem Rucksack umzufegen. Die Augen der Frau waren weit aufgerissen. Ihr Gesicht spiegelte eine eigentümliche Mischung von Gefühlen wider, die ich später in Japan noch öfter sehen würde. Die Mundwinkel irgendwie zu einem Lächeln hochgezogen, zeigte die Mitte des Gesichts zugleich Entsetzen vor dem grobschlächtigen Ausländer, während ihr Blick ein ungläubiges Erstaunen ausdrückte. Sie machte nun kleine Fiepslaute und zeigte abwechselnd auf meine schmierig-staubigen Wanderschuhe und ein Schuhregal am Fuße der Treppe.

»Oh«, sagte ich. »Oh-Oh-Oh.« Ich versuchte, die Stufen beim Hinuntergehen so wenig zu berühren wie möglich, und stolperte dabei fast über meine Zehenspitzen. »Sumimasen, Sumimasen«, wiederholte ich die Entschuldigung, die mir jetzt aus Langenscheidts praktischem Kurs wieder einfiel.

Ich zog meine Schuhe aus und stellte sie ins Schuhregal. Dabei fiel mir auf, dass die anderen Schuhe alle so sauber und glatt aussahen, als wären sie neu. Nur meine waren schmutzig. Ich nahm einen zweiten Anlauf für die Treppe, diesmal in Socken. Die Wirtin hielt mich abermals auf, zog ein Paar Slipper aus dem Regal und bedeutete mir, sie anzuziehen. Es waren die größten, die sie hatte, und trotzdem etwas zu kurz. Täuschte ich mich, oder hatte sie meinen schweißigen Socken einen etwas missbilligenden Blick zugeworfen?

Oben suchte ich meine Tür und fand einen Raum von fünf Tatami Größe, ausgestattet mit einem Fernseher und einem Aschenbecher dahinter. Ich ließ meinen Rucksack fallen. Nach dem Desaster auf der Treppe zögerte ich, zum Gemeinschaftsbad hinunterzugehen. Was würde ich da noch alles falsch machen können? Doch da ich meinen eigenen Schweiß riechen konnte, musste ich für die Japaner stinken wie ein Wasserbüffel.

Die Tochter der Wirtin fing mich am Fuß der Treppe ab und begann, mir in gebrochenem Englisch die verschiedenen Zonen für die Fußbekleidung zu erklären. »So dumm bin ich nun auch wieder nicht«, dachte ich. »Jetzt habe ich kapiert, dass man hier Hausschuhe trägt.«

Auf dem Weg ins Bad musste ich durch den Essraum, klares Slipperterritorium. Zum Bad ging es einige Stufen hoch und durch einen dunklen Holzflur. Ich öffnete die Tür des Badebereichs und sah noch zwei Räume, einen zum Umkleiden und einen mit zwei Badewannen. Ich blickte lange in die Räume und wartete darauf, dass ein Japaner vorbeikommt. Es kam keiner. Also ging ich zum Essraum zurück und zog die Tochter der Wirtin am Ärmel ihrer Yukata bis zur Tür des Herrenbaderaums. Sie dachte offensichtlich, sie habe es mit einem Lustmolch zu tun, als ich die Tür öffnete und mit fragendem Gesichtsausdruck hineinzeigte. Doch dann zeigte ich auf meine Füße, sie lächelte und sagte mir, die Slipper sollte ich im Vorraum lassen.

Sollte ich mir jetzt neues Wasser in die noch leere Edelstahlwanne einlassen oder in das vorhandene Wasser steigen? Außer mir wohnten an diesem Abend noch eine Gruppe von Geschäftsleuten in der Volksherberge sowie zwei Grüppchen von Jungen und Mädchen im Oberschulalter. Waren die jetzt alle schon in dem Wasser gewesen? Ich hielt mich an das, was ich in meiner Gastfamilie gelernt hatte: sich supergründlich abschrubben und dann ins gemeinsame Wasser steigen. Hinterher sollten keine Schaumblase und kein Härchen darauf schwimmen. Dann machte es auch nichts, dass hier schon sieben Leute durch waren. Ich hoffte, dass ich als Fremder das Wasser nun nicht irgendwie spirituell verunreinigte.

Im Essraum saßen die Gäste auf etwas erhöhten Podesten mit Tatamimatten an niedrigen Tischen. Die Abendmahlzeit war im Preis inbegriffen: ein Stück gebratener Fisch, gedünstetes Gemüse, Miso-Suppe und eine Schale Reis.

An diesem Abend überkam es mich zum ersten Mal. Ich blickte den Reis an und war überwältigt von seiner Schönheit. So intensive Gefühle gegenüber einem Nahrungsmittel sind vermutlich nur im begeisterungsfähigen Jugendalter möglich. Die lackierte Schale mit den glänzenden Reiskörnern, jedes einzeln erkennbar, aber alle klebrig miteinander verbunden, aufgehäuft zu einem Berg, einem Mikrokosmos elliptoider Schönheiten. Ein Fuji-san. Und das hier war ein Billigessen in einer Herberge mit Studenten und sparsamen Handelsvertretern.

Plötzlich kam mir meine eigene Kultur armselig und unterlegen vor. Ich verglich das reine Reisschalenkunstwerk im Geiste mit deutschen Sättigungsbeilagen. Pommes, triefend vor Soße, auf einem Teller. Oder deutscher, nicht-klebriger Reis, der einfach so herumliegt und sich mit Leipziger Allerlei und Krumen eines panierten Fischfilets mischt. Am besten schnitten noch gekochte Kartoffeln ab, elegant mit Soße dekoriert. Doch all das kam mir plötzlich inkonsequent vor, unrein gegenüber der edlen Einfachheit von so einer Schale Reis. Die Leute hier mischten ihn nicht mit Soßen, sondern hielten ihn vom übrigen Essen getrennt.

»Alles in Ordnung?«, holte mich die Stimme der Wirtin in die Realität zurück. Ich war wieder im Speiseraum der Herberge. Plötzlich setzte auch der Ton von den anderen Tischen wieder ein, an denen sich die Gäste unterhielten. Mir wurde klar, dass ich längere Zeit mit einer stinkgewöhnlichen Reisschale in der Hand dagesessen und sie mit offenem Mund angestarrt hatte. »Alles klar«, sagte ich. Die Phrase hatte ich bei Matsubaras oft gehört.

Mein Zimmerchen war vom nächsten Gemeinschaftsraum nur durch eine Papierschiebewand abgetrennt. Das machte die Aufteilung flexibler. Aber deshalb waren auch alle Geräusche der Schülergruppe glasklar zu hören.

Die Papierschiebewände funktionieren ausschließlich per gesellschaftlicher Übereinkunft, das hatte ich bei Matsubaras verstanden. Alle Japaner glauben fest daran, dass Papier auf Schiebewänden keine Geräusche durchlässt. Jemand mit japanischer Erziehung verhält sich also am nächsten Tag so, als ob es keine Geräusche gegeben habe. Ich benahm mich daher am nächsten Morgen vermutlich mal wieder völlig daneben, als ich die Oberschüler finster anstarrte. Auf der einen Seite hatte ein Junge die ganze Nacht mit einem krampfhaften Husten gekämpft, der dadurch noch schlimmer klang, dass er ihn unterdrücken wollte. Auf der anderen Seite hatten die Mädchen bis in den Morgen gewispert und gekichert.

In der nahe gelegenen Stadt Nagoya geriet ich in meinen ersten starken Taifun, und, Mensch, was hat es da geregnet! Als ich einen Bekannten von Kenji anrief, sagte dieser das geplante Treffen kurzerhand ab: »Bei so einem Wetter hat das keinen Sinn.«

Diese Japaner sind aber ziemlich empfindlich, dachte ich. Die lassen sich schon von ein bisschen Regen beeindrucken. Wir Deutsche sind da aus einem anderen Holz geschnitzt!

Taifune regnen Unmassen an Pazifikwasser über dem festen Land wieder ab. Ich hatte damals keine Vorstellung davon, was dann los ist.

Ich fuhr vom Hotel mit der U-Bahn ins unterirdische Einkaufszentrum am Bahnhof und wunderte mich, dass dort so wenig Menschen herumliefen. Bei Regenwetter waren unterirdische Geschäfte doch genau die richtige Wahl. Oder? Mir fielen die gestressten Männer in Arbeitsuniformen auf, die Bretter umhertrugen.

Mal sehen, wie es jetzt oben aussieht, dachte ich und näherte mich einer der Treppen, die zur Erdoberfläche hinaufführten. Die Geschäfte in der Nähe des Aufgangs hatten geschlossen und ihre Türen abgedichtet.

Als ich auf der zweiten Stufe angekommen war, kam mir eine Sturzflut entgegen. Das Wasser lief nicht einfach von Stufe zu Stufe. Es ergoss sich weiß schäumend das Treppenhaus hinunter. Ich wurde sofort bis zum Knie nass. Eine Hand legte sich auf meine Schulter. Es war einer der Uniformierten, der mich in die Sicherheit der inneren Gänge zurückwies. Die Männer begannen, den Eingang mit den Brettern zu verrammeln. Direkt am Fuß der Treppe gab es einen gut dimensionierten Gully, doch ich fragte mich, ob er all das Wasser abführen konnte. Er konnte nicht. In einiger Entfernung stand ich in dem Gang, als eine erste Welle meine Füße umspülte. Einer der Arbeiter machte eine scheuchende Bewegung in meine Richtung: Was steht der Touristen-Idiot denn hier unten rum, wenn oben 40 Millimeter Niederschlag pro Stunde runterkommen? Die Zahl von 40 Millimetern hatte ich morgens im Wetterbericht gehört, damit aber nichts anfangen können.

Ich suchte den Übergang zur U-Bahn und fuhr ins Hotel zurück. Auf den Metern vom U-Bahn-Ausgang zur Drehtür der Herberge durchnässte mich eine heulende Mischung aus Wind und Wasser. Ich musste mich dem schräg entgegenstemmen, um nicht umgeweht zu werden. »Aber Herr Ausländer«, sagte die Frau an der Rezeption, »es ist unklug, bei Taifun aus dem Haus zu gehen.«

Sie verwies mich aufs heiße Gemeinschaftsbad des Hotels, und immerhin das wusste ich nach meinen Erfahrungen in Kioto zu benutzen.

Meine Reise führte mich auch in die Stadt Kanazawa. Das bedeutet »Goldmoor«, wie mir die Einheimischen erklärten. Auf dem Weg musste ich dabei bereits durch meine künftige Heimat gefahren sein, die Stadt Fukui, wo ich später ein Jahr studieren würde. Damals war dieser Ort für mich jedoch nur einer der vielen Haltebahnhöfe des Eilzugs.

Die Jugendherberge in Kanazawa hatte erst wenige Wochen zuvor eröffnet. Der Herbergsvater führte mich stolz in eines seiner makellosen Tatamizimmer. Ich hatte keine Reservierung, und es gab nur noch einen einzigen freien Platz – im Gemeinschaftsraum mit neun anderen Jugendlichen. Sie gehörten alle zu einer Gruppe von Nachwuchs-Kraftmenschen, denn in Kanazawa stand ein Jugendturnier der Sportart Sumo an. Ich teilte mir das Neunerzimmer also mit Jungen zwischen 15 und 18 Jahren, die alle schon richtig rund waren. Mit meinem Wörterbüchlein in der Hand reichte mein Japanisch nur für ein einfaches Gespräch. Das bedauerte ich, denn ich hätte gerne mehr über Sumo gehört. Die Kraftmenschen redeten jedoch lieber untereinander über den Wettkampf, die Hackordnung im Sumo-Stall sowie Tricks und Griffe beim Ringen. So viel glaubte ich an ihren Gesten zu erkennen.

Nachts fürchtete ich um mein Leben. Der Junge neben mir hatte einen Alptraum, schlug um sich und geriet ins Rollen. Ausgerechnet in meine Richtung. Die anderen wussten vermutlich schon, warum sie ihn auf seinen Futon an den Rand gelegt hatten. Zwischen ihm und der Wand lag jedoch noch ich, der Ausländer. Glücklicherweise wachten die anderen auch auf, kümmerten sich um den schlechten Träumer und entschuldigten sich bei mir. Später erfuhr ich, dass die harten Sitten beim Sumo-Training psychische Schäden bei empfindlichen Jugendlichen hinterlassen können. Vielleicht hatte er deshalb Alpträume.

In Kanazawa wurde mir klar, dass ich vermutlich einige Tage vorher in dem kleinen Örtchen Tsuwano, in den tiefgrünen Bergen bei Hiroshima einen Fauxpas begangen hatte. In Kanazawa verstand ich zum ersten Mal das japanische Wort für »Gemeinschaftszimmer« richtig. Hatte der Raum in der Herberge von Tsuwano nicht auch so geheißen? Das Zimmer war nicht sehr groß gewesen, und ich hatte angenommen, es sei ein Einzelzimmer für mich. Also hatte ich die Tür abgeschlossen. Als ich schon auf dem Futon lag, hatte ich mich gewundert, dass ab und zu jemand am Knauf gerüttelt und etwas auf Japanisch gesagt hatte. Es klang allerdings nicht sonderlich aufgeregt, ich ließ mich erst mal nicht stören. Meine potentiellen Mitbewohner waren jedoch anscheinend einfach zu höflich, um sich lauter zu beklagen.

Am nächsten Morgen beim Frühstück hatte die Wirtin zwar ganz normal mit mir über die Millionen von Fröschen geplaudert, die im warmen Regen draußen quakten und eine außerirdische Atmosphäre schufen. (»Stören die Frösche nicht den Reisanbau?«, suchte ich mir eine Frage zusammen. »Nein, die leben ganz normal in den Feldern und fressen schädliche Insekten«, sagte sie.)

Ihre Hauptsorge war jedoch gewesen: »Sie reisen doch sofort wieder ab, oder? – Ich habe nämlich Reservierungen für das Zimmer.« Aber wer rechnet denn damit, dass der Gast sich eine Fläche von zwölf Tatamimatten auch noch mit jemandem teilen muss?

Auf der Rückreise aus dem Süden des Landes in die Region Tokio dachte ich über all die traditionellen japanischen Häuser nach, die ich gesehen hatte. Sie sahen wunderschön aus, innen wie außen. Doch als Bauwerke waren sie eigentlich nur bessere Bretterbuden. Dünne Wände, kaum armdicke Holzpfeiler, einstöckig. Durch die lange Reihe von Glastüren mit Ozeanblick von Kenjis Familie pfiff bei Taifun-Wetter klappernd der Wind. Im Winter blieb der größte Teil des Hauses kalt, wie die Leute erzählt hatten. Kein Wunder, dass überall im Land Gebäude im westlichen Stil auftauchten. Da wohnte es sich praktischer. Und klimatisierter.

In der alten Kaiserstadt Nara staunte ich über die Tempel aus dem siebten Jahrhundert, bis mir klar wurde, dass sie alle zwischendurch bei Erdbeben zerstört und hinterher neu aufgebaut worden waren. Trotzdem bestürmten mich hier zwischen Buddhastatuen religiöse Einsichten, die ich in Notizbüchern festhielt. Als ich zehn Jahre später auf diese Einträge starrte, konnte ich zwar nichts mehr davon nachvollziehen, aber ich bin überzeugt, damals den ewigen Wahrheiten ganz nahe gewesen zu sein.

Eines nahm ich aber definitiv aus Nara mit: Geheimwissen um Hightech-Toiletten. Ich war hier nicht in einer Jugendherberge abgestiegen, sondern in einem supereffizienten Hotel für Geschäftsleute, einer Wohnmaschine fast ohne Personal. In die Zimmer passte praktisch nur das Bett. An der Innenseite der Klotür klebte eine englische Erklärung zur Benutzung der Toilette. »You sit down – Cold water dispensed Automatic raise water level for comfort – one preparation indicator goes off, defecation possible.« Daneben fand sich eine lustige Comicsequenz, die das verdeutlichte. (Japaner verdeutlichen alles mit Comics.) Der höhere Wasserstand sollte der Zeichnung nach das Spritzrisiko beim Herabfallen der Fäkalien verringern. Dieses Wissen hatte ich auch 2009 noch vielen Ausländern voraus, die sich einfach nur über das Verhalten der Klos wunderten.

Auf dem Weg nach Tokio stoppte ich noch einmal für einige Stunden bei den Matsubaras. »Wie war die Reise?«, fragte Kenji.

»Ich denke, ich bin ein anderer geworden«, sagte ich.

Er blickte mich irritiert an. Mit etwas Verzögerung kamen Laute des Erstaunens.

Zurück in Deutschland entschied ich mich für ein Studium der Japanologie. Ich wollte unbedingt all die Schriftzeichen lernen, die ich während dieser Reise nicht hatte lesen können, und all das verstehen, was mir unverständlich geblieben war. Zwischendrin verbrachte ich ein Studienjahr am abgelegensten Ende Japans, wo die Stromfirmen ihre Atommeiler schon deshalb hinsetzen, weil dort kaum einer wohnt. In Fukui.

Fukui, 1997

Der Name Fukui bedeutet übersetzt Glücksbrunn, und so ländlich fühlt sich der Ort auch an. Die Gegend liegt durch mehrere Bergzüge von der Zivilisation Tokios getrennt und pflegt liebevoll ihren hinterwäldlerischen Dialekt. Als ich in Fukui ankam, hatte ich in den ersten Tagen das Gefühl, gar kein Japanisch zu können. Ich verstand vor allem Saito-san nicht. Er saß mir und einer Mitstudentin im Hausmeisterraum meines Wohnheims auf einem niedrigen Sofa gegenüber und erklärte und erklärte. Herr Saito war der Beauftragte für die Gaststudenten. Statt ihm zuzuhören, blickte ich aus dem Fenster. Draußen wurde es dunkel, und das hässlich-graue Nachbargebäude aus Beton, offenbar ein Abrishaus, verschmolz mit dem Blauschwarz des Abendhimmels.

Saito-san wäre mit seinem Dialekt auch für einen Japaner aus Tokio schwer verständlich gewesen. In den ersten Minuten sagte ich noch ganz naiv, dass ich Probleme mit der »Hörentnahme« habe (so heißt es auf Japanisch), und bat darum, dass er langsamer spreche. Er guckte jedes Mal nur erschreckt und fuhr mit noch mehr Worten fort, und zwar schneller als vorher. Ich blickte also weiter unauffällig zum Fluss hinüber, um mir die Zeit zu vertreiben.

Am folgenden Vormittag tapste ich noch allein durch Fukui und kaufte mir, was ich so brauchte – eine Wolldecke gegen die einsetzende Kälte, Putzmittel, ein paar Töpfe. Außerdem ging ich in einen riesigen Betonkasten von Supermarkt. Im ersten Stock, wo es Töpfe und Futons gab, plärrte das ganze geschlagene Jahr über ein und dasselbe Kinderlied. »Wenn ich erst mal Grundschüler werd, werd ich hundert Freunde finden…« Es nervte, aber immerhin prägte sich mir so mein erstes japanisches Lied ein.

Auf dem Rückweg traf ich Matsumoto-sensei, meine Betreuungsprofessorin. »Warum warst du denn heute nicht bei den ersten Lehrveranstaltungen? Ich habe Saito-san extra aufgetragen, dich darauf hinzuweisen.« – Ich machte große Augen und flüchtete mich in Laute des Erstaunens, des Bedauerns und der Reue. Jetzt wusste ich zumindest teilweise, worauf Saito-san uns hatte hinweisen wollen.

Als ich nach Hause kam, war es bereits dunkel. Ich knipste das Licht in meinem Wohnheimzimmer an und erschrak. Schwarze fingerlange Schatten flüchteten auf dem Boden in Richtung Ritzen und Ecken. Der Raum war völlig von

Kakerlaken verseucht. Im warmen Japan leben viele Kakerlaken. Später, in Tokio, würde mir mal eine versehentlich in der Mikrowelle explodieren, aber das ist eine andere Geschichte. Jetzt in Fukui ließ ich erst mal meine Einkäufe fallen, darunter einige Kochtöpfe aus Blech, und ich muss einen kleinen Schrei ausgestoßen haben, denn Sekunden später klopfte es an der Tür. Ich schaute durch den Spion und sah einen Mann, definitiv kein Japaner, eher Südeuropäer.

»Alles klar?«, fragte er auf Englisch.

Ich öffnete die Tür.

»Hallo«, sagte ich. »Ich heiße Finn.«

»Miguel«, sagte Miguel. »Bist du okay?«

»Ja. Nein. Es war gar nichts, nur ein paar Kakerlaken.«

»Ach so. Das liegt an dem Chinesen«, informierte mich Miguel, als wäre damit alles gesagt.

»Chinesen?«

»Du musst ein Gokiburi-Hoi-Hoi aufstellen und das Fett aus der Küche wegputzen. Dann kommen auch keine Kakerlaken mehr.«

»Hoi-Hoi?«, fragte ich. Ich verstand kein Wort. Erst später erfuhr ich, dass »Gokiburi« japanisch für Kakerlake ist.

»Ich habe Bier im Kühlschrank, möchtest du nicht erst mal kurz rüberkommen?«, fragte Miguel, und das zumindest verstand ich.

Miguel war ein Student aus Kolumbien, der an der Uni Fukui einen Master als Ingenieur machte. Sein Zimmer war das spiegelbildliche Gegenstück zu meinem. Wo bei mir die Kochnische lag, befand sich bei ihm die Toto-Badezimmereinheit und umgekehrt. (Diese Badezimmereinheiten pressen eine Sitzbadewanne, ein Klo und ein Waschbecken auf den Platz eines größeren Wandschranks. Sie kommen auf Lastwagen komplett als zusammenhängender Plastikgegenstand, den die Bauleute mit dem Kran in die Wohneinheiten senken. Sie verbinden dann bloß noch die Strom- und Wasserleitungen. Ich habe das in Tokio beim Bau eines niedrigeren Gebäudes nebenan beobachtet.)

»Dein Nachbar war Chinese«, erklärte Miguel, während wir uns auf seinem Fußboden ausstreckten, jeder mit einer großen Dose Bier in der Hand. »Und er hat jeden Tag mit viel Fett im Wok gekocht. Ich habe es spritzen gehört.«

»Aha«, sagte ich.

»Verstehst du nicht? Kakerlaken lieben Fett. Nachdem der Chinese eingezogen war, kam das Ungeziefer.«

»Dann werde ich also das ganze Studienjahr über Kakerlaken haben?«, fragte ich und schluckte bei dem Gedanken, dass mir nachts im Schlaf drei Zentimeter lange Insekten übers Gesicht laufen würden.

»Aber nein!«, erklärte der Südamerikaner und schlug sich mit der halbleeren Bierdose in die Faust. »Es lässt sich eine Menge machen. Es ist wichtig, dass du die Kakerlaken besiegst.«

»Was soll ich tun?«, fragte ich gelehrig.

»Das hier ist ein Gokiburi-Hoi-Hoi«, sagte Miguel und zog einen Pappgegenstand aus der Ritze zwischen Kommode und Bücherregal.

Das Ding sah aus wie ein flaches Minihäuschen mit Türen und Fenstern. Die Türchen standen offen. Die Fensterchen waren nur aufgemalt. In ihre Ränder gezeichnet waren fröhlich winkende Kakerlaken, die keck mit den Fühlern zu wippen schienen. Dem menschlichen Betrachter sollte das wohl andeuten, dass sich die Insekten von so einem heimeligen Häuschen besonders angezogen fühlen. Außerdem malen Japaner auf alles niedliche Comicfiguren.

»Es ist wichtig, hier die Fußabstreifer anzukleben«, erklärte Miguel und zeigte auf die Flächen vor den Türen. »Wenn die Kakerlaken staubige Füße haben, bleiben sie nicht kleben.«

Er spähte durch die Tür in sein Hoi-Hoi. »Oh, da sind ja welche drin.«

Jetzt sah ich es auch. Aus einer Ritze ragten lange, zuckende, gebogene Kakerlakenfühler. Ich bekam eine Gänsehaut, begann aber zu verstehen. Die Insekten kamen ins Hoi-Hoi und blieben auf einem stark klebrigen Fußboden hängen.

»Warum gehen die da rein?«, fragte ich.

»In die Mitte pappt man beim Aufstellen einen Köder, der nach gammelndem Fisch und Sexuallockstoffen der Kakerlaken riecht – einfach unwiderstehlich. Sie kommen also aus deinem Zimmer rüber …«, Miguel hielt sich die Hände als Fühler an den Kopf und machte mit den Beinen im Sitzen das Krabbeln der Kakerlaken nach, »… kommen unter meiner Türschwelle durch …«, er buckelte, machte sich flach und robbte auf dem Teppich, »… und dann riechen sie es!«

Miguel folgte meinem Blick und sah das Hoi-Hoi in seiner Hand. »Oh, Entschuldigung.« Er schmiss die Kakerlakenfalle in den Sack für brennbaren Müll, wusch sich die Hände und holte mir noch ein Bier aus dem Kühlschrank.

Am nächsten Morgen beseitigte ich allen Fettschmutz aus der Kochecke und überhaupt die ganze klebrig-fleckige

Schicht vom Kunststoffboden. Dann verteilte ich Kakerlakengift in allen Ecken und baute eine ganze Fünferpackung Gokiburi-Hoi-Hois auf. Beim Kauf waren die Kakerlakenhäuser flachgelegt. Ich bastelte sie fertig, indem ich sie nach Anleitung auseinanderfaltete, das Beutelchen mit dem fischig stinkenden Lockstoff in die Mitte klebte, die Fußmatten anbrachte und das Dach zusammensteckte. Vor mir stand ein niedliches Kakerlakenhaus, aus dessen Obergeschossfenster ein gezeichnetes Kakerlakenweibchen einladend fühlerte. »Na wartet, ihr werdet noch …«, murmelte ich und schob das Hoi-Hoi unter die Kommode. Kakerlaken sah ich bis zum Ende meines Aufenthalts kaum noch.

Ich klopfte bei Miguel.

»Kann ich mit dir auch über andere Sachen sprechen als über Kakerlaken?«

»Das ist ein wichtiges Thema.«

»Es dürfte jetzt erledigt sein. Möchtest du vielleicht diesmal zu mir rüberkommen? Ich habe Bier besorgt. Das Zimmer riecht allerdings noch ein wenig nach Chlor. Und pass in den Ecken auf, die sind giftig.«

Ich ließ mir von Miguel erzählen, wie die Uni funktionierte und was ich zu beachten hätte. »Das ist hier alles etwas seltsam, aber irgendwie auch okay«, fasste er zusammen. Sein Professor behandelte ihn anscheinend so von oben herab, dass er im ersten Jahr deswegen Depressionen bekommen hatte. Im hintersten Winkel Japans ist ein Lehrer noch ein Halbgott, wie es sich im bildungswütigen Ostasien gehört. Das passte mit der lockeren Einstellung, die wir internationales Volk zum Studieren hatten, nicht so recht zusammen. Nachdem der Professor einmal nach ihm geschlagen hatte, versuchte er so gut es ging, ihm aus dem Weg zu gehen. »Willkommen in Fukui, genieße es!«, sagte Miguel.

Nach Miguels Erzählung sah ich dem Antrittsbesuch bei meinem Kontaktprofessor etwas nervös entgegen. Er hatte mal in Heidelberg studiert und damals Deutsch gelernt. Deshalb fühlte er sich jetzt verpflichtet, in seine Sprache lauter deutsche Worte einzuflechten, redete aber ansonsten mit japanischer Grammatik. Er sagte also beispielsweise: »Spielen shi ni Japan ni kita!«, was auf den Vorwurf hinauslief: »Du bist doch wohl nur nach Japan gekommen, um dich hier zu amüsieren!«

Er saß in seinem engen Professorenbüro in einem Bürostuhl, während seine Besucher auf niedrigen Schemeln hockten. In Sichtnähe des Besucherschemels standen schwere deutschsprachige Philosophiebücher in den Regalen.

Horikawa-sensei errichtete für die jeweils zwei deutschen Studenten vor Ort ein Überwachungsregime. Als ich mal über ein längeres Wochenende einfach so zu Kenji fuhr, stellte er mich hinterher zur Rede.

»Wochenende wa wohin ni itta?«

»Ach, ich war kurz bei Freunden in der Nähe von Tokio«, antwortete ich leichthin, hatte aber bereits eine schlechte Vorahnung.

Seine Augen verengten sich. Er beugte sich leicht vor und betrachtete mich verächtlich.

»Von Anfang an kara klar datta. Tokyo wa zutto Fukui yori mögen!« Dann folgte eine längere Tirade, dass ich mich bei ihm abzumelden habe, wenn ich die Stadt verließe. Überhaupt sollte ich besser in Fukui bleiben. Ich sah das nicht ganz ein, schließlich war ich 22 Jahre alt, in meiner Heimat wie in Japan volljährig und mit Geld des Deutschen Akademischen Austauschdienstes hier. Außerdem mochte ich Fukui wirklich, ich wollte bloß zwischendurch auch mal nach Tokio.

Ein andermal konfrontierte er mich: »Bekannter wa Finn o abends Bahnhof no chikaku gesehen! Dort nani o gemacht?« – Nichts besonderes, ich sei mit Freunden in einer Izakaya gewesen, sagte ich. Ich solle mehr lernen als trinken, ermahnte er mich zunächst.

Doch dann kam er ins Schwärmen von Heidelberg. »Damals ha chanto Bier trinken gegangen. Burschen to Kneipe de Trinklieder o uttateta.« Trinklieder mit Burschen in einer Kneipe in Heidelberg? Na großartig.

Einer deutschen Mitstudentin, die wenig später ebenfalls ankam, tätschelte er auffällig oft die Schenkel, während er mich manchmal auf den Hinterkopf schlug.

Ich rächte mich zu Weihnachten, indem ich ihm einen großen Marzipanriegel schenkte. Japaner können Marzipan nicht ausstehen. Sie finden den Mandelgeschmack widerlich. Außerdem hatte ich das Verfallsdatum mit Filzstift verlängert.

In Fukui war alles einigermaßen bezahlbar, so dass ich in der Lebensmittelabteilung auch probeweise einkaufen konnte, was ich nicht kannte. Etwa eine Packung Baby-Tintenfische oder einen Beutel mit schleimigen braunen Streifen aus dem Meer. Ich rief dann Frau Matsubara an, um mir Tipps für die Zubereitung geben zu lassen.

Im Supermarkt staunte ich über die Frische des Fischs. Auf den Packungen standen Fangminute und Haltbarkeitsminute, etwa: »Fangzeit 4.29 Uhr. Gekühlt haltbar bis 16.29 Uhr.« Dass sich beides auf denselben Tag bezieht, ist in der Rohfischkultur selbstverständlich. Zwei Stunden vor Ablauf des Datums kleben die Verkäuferinnen mit ihren weißen Hauben und adretten Schürzen auf jede Packung einen Aufkleber für zehn Prozent Nachlass. Darauf wartete ich und deckte mich preiswert ein.

Die Ernährung von Studenten besteht auch hier aus Mensaessen und Fertignudelsuppen, aber ich versuchte, mir zumindest einen Teil selbst zu kochen. Als ich meine Baby-Tintenfische in die Soße tauchte und darauf herumkaute, saß ich gerade vor dem Fernseher.

»Heute bereitet unser Chefkoch Yamamura-san einen Riesenoktopus aus dem japanischen Meer für uns zu«, sagte die niedliche Moderatorin der Kochsendung in die Kamera. Ich blickte zwischen dem daumengroßen Tintenfisch zwischen meinen Stäbchen und dem mannsgroßen Oktopus im Studio hin und her.

Der Krake wollte nicht in den Topf, das war offensichtlich. Seine Tentakel klammerten sich an den Rändern fest, auf beiden Seiten schlangen sich die feinen Spitzen um die Griffe. Der Topf war so groß wie ein Blumenkübel, die Fangarme bestimmt einen Meter lang. Zwei Köche in weißen Uniformen versuchten die Kreatur mit Stangen ins Wasser zu drücken. Eines der braungrauen Tentakel klammerte sich noch um den Unterarm des einen Kochs, da gelang es dem anderen, das Tier so nahe ans kochende Wasser zu bringen, dass es sich verbrühte und die Kraft in den Armen verlor. Der

Krake stürzte in den Topf, in dem das Wasser noch einmal mächtig aufwallte und dann weiterkochte.

Schnitt, die Studiogäste haben bereits Stücke des Kraken in Marinade mit Gemüse auf ihren Tellern. »Leeeeeecker«, bricht eine der geladenen Berühmtheiten in spitze Schreie der Verzückung aus. Ich machte Laute des Erstaunens.

Von Anfang an wollte ich möglichst viele japanische Freunde gewinnen. Mit Joshua, einem amerikanischen Mitstudenten, wagte ich mich in das Borg-Schiff. So nannten wir das Wohnheim für die einheimischen Studenten – den verfallenen Betonkasten hinter einem hohen Zaun neben unserem Wohnheim. Es war das Gebäude, das ich am ersten Tag für ein Abbruchhaus gehalten hatte. Hinter einem weiteren Zaun stand noch ein zweiter, identischer Klotz. Das war das Heim für Mädchen.

In den frühen Morgenstunden sah ich von meinem Fenster aus, wie männliche Gestalten auf den Feuertreppen des Mädchenheims auftauchten, runterliefen, in der Mitte über den Zaun turnten und auf der anderen Seite bei den Jungs wieder die Feuertreppe hinaufschlichen. Die Hausmeister erlaubten offiziell keinen Zimmerbesuch über Nacht. Da die Studentinnen und Studenten in Zweierzimmern schliefen, mussten sie ihre Zusammenkünfte vermutlich gut organisieren.

Auf den Vergleich mit den Raumschiffen der unheimlichen Maschinenwesen aus »Raumschiff Enterprise« kamen Joshua und ich bei unserer ersten Expedition dort hinüber. Die Borg ignorieren Besucher auf ihren Schiffen, in denen eine düstere, dampfige Atmosphäre herrscht. Genau wie in diesen Wohnheimen. Uns war tatsächlich etwas bange. An den Wänden wucherten braune Flecken. Das Resopal des Fußbodens war bis auf den Beton hinunter abgenutzt. Wir schlichen in Socken die erste Treppe hinauf. Anders als im Ausländerheim mussten die Bewohner hier ihre Schuhe am Eingang abstellen.

Die japanischen Studenten taperten in Trainingsanzügen und schlaffer Freizeitkleidung um uns herum und schienen keine Notiz von uns zu nehmen, obwohl wir eigentlich hätten auffallen müssen wie ein Paar blutbeschmierter Axtmörder im Mädchenpensionat.

Auf jedem Stockwerk klebten wir Zettel an die Wände: »Japanische Freunde gesucht«, mit unseren Telefonnummern und E-Mail-Adressen. Es meldete sich keiner, aber bei unserer zweiten Expedition ins Borg-Schiff sprach uns ein Student vor einem unserer Zettel an. »Schön, euch kennen zu lernen. Könnt ihr sprechen?«, sagte Yusuke. »Ich habe eine Freundin, die unbedingt Englisch üben will. Die möchte ich euch vorstellen.« Wir verabredeten uns für den späteren Nachmittag vor den Toren der Wohnheime. Auf Yusukes gute Freundin Akiko mussten wir drei Jungs noch einige Minuten warten. An diesem Oktoberabend beleuchtete die Sonne unsere Betonwohnheime in einem intensiven Orange. Dieses Licht gab ihnen einen fast poetischen Anstrich, wie auf realistischen Arbeitergemälden der Sowjetunion. Schließlich kam Akiko um die Ecke, damals für mich noch irgendeine Japanerin in Jeans und T-Shirt, wir stellten uns kurz vor und zogen zu viert los in Richtung Stadt.

Als Studenten konnten wir uns noch völlig unkompliziert anfreunden. Heute tausche ich mit neuen Bekanntschaften zunächst umständlichst Visitenkarten und benutze monatelang steife Höflichkeitswendungen, bis ein näheres Kennenlernen in Frage kommt.

Akiko studierte an der Uni Informatik, wollte aber unbedingt ihr Englisch verbessern und dafür Ausländer kennen lernen. »Wenn du von der Uni Fukui kommst, hast du ohne gutes Englisch keine Chance bei den Unternehmen in Tokio oder Osaka«, sagte sie.

Wir hatten unsere erste Bekanntschaft geschlossen. Damals war mir noch nicht klar, dass sie über Jahrzehnte halten würde.

Wer exotische Fremdsprachen spricht, kommt früher oder später an den Punkt, wo es für Muttersprachler lustig wird. Yusuke brachte ich besonders zum Lachen, als ich sagen wollte: »Ich trage es im deutschen Blut«, was vielleicht von Anfang an nicht die geschickteste Ausdrucksweise war. Doch ich benutzte zudem die falsche Lesung des Schriftzeichens für Blut. Für japanische Ohren klang das Wort wie »Anus«.

Yusuke brauchte mehrere Stunden, um sich wieder einzukriegen. Nachdem er die Sache Akiko erzählt hatte, hing mir der Satz als fortlaufender Witz an. »Das steckt Finn im äh… Blut…«

Seitdem sehe ich allen Asiaten ihre Nöte mit westlichen Sprachen nach. Ich kenne einen Chinesen, Tommy, der in Düsseldorf in der Scheidtstraße wohnte. Er spricht sehr gut Deutsch, doch manchmal lässt er kleinere Mitlaute unter den Tisch fallen. Eines Tages beklagte er sich beim Bier in der Kneipe: »Die Tassifah-eh in Düssel-o-f sinn soo unfeunlich.« Es stellte sich heraus, dass ihn ein Taxifahrer nachts aus seinem Auto herausgeschmissen hatte. Der Chinese hatte nur seine Adresse wiederholt. »Schei-straße, Schei-straße«.

Tommy guckte verstört, als sich alle am Tisch jetzt wegwarfen vor Lachen – außer mir. Die Nachsicht ist mir in Fleisch und … Blut übergegangen.

In Fukui waren vor allem die englischen Beschriftungen von Produkten eine ständige Quelle der Heiterkeit für mich und die anderen westlichen Ausländer. (Heute nehme ich sie kaum noch wahr, obwohl sie immer noch da sind.)

Ein Laib Brot in Plastikverpackung: »All of contents are Burned with all our heart.« Der japanische Brothersteller wollte uns wohl sagen, dass der Inhalt mit Liebe knusprig gebacken war. Leider hat er seinen Entwurf keinem englischen Muttersprachler vorgelegt – daher die kühne Behauptung, das Brot sei von ganzem Herzen verbrannt.

Solange keine Ausländer sie lesen, stören diese Beschriftungen niemanden. Die japanischen Kunden im Supermarkt nehmen den westlichen Text auf der Verpackung gar nicht wahr. Sie lesen nur die japanische Beschriftung. Westler dagegen lesen vermutlich selbst nach Jahren in Japan zuerst die lateinischen Buchstaben. Erst dann verarbeitet das Hirn die chinesischen Schriftzeichen. Wer gar kein Japanisch kann, der zoomt dagegen ausschließlich das bisschen Englisch heran, das im Gesichtsfeld zu sehen ist.

»We only premium choice coffee beans to give you aggressive aroma«, sagt uns eine Dose mit Kilimandscharo-Kaffee. »Have a smell of panda droppings. This one is especially fragrant«, hieß es im Schreibwarenladen auf einem Terminkalender. Ob der Gestalter wirklich an Panda-Urin gedacht hatte? Ein Kaffeautomat fragte mich einmal: »I wonder why

coffee tastes so good when you're naked with your family.«
Gute Frage!

Eine ganz eigene Geschichte waren beschriftete T-Shirts.
»Flesh Fucks«, das war noch harmlos. »Sexiest! In World
is I elephant woman«, warf ernsthaft die Frage auf, womit
sich die Trägerin nun identifizieren wollte. In einem Café in
Fukui starrte ich der Bedienung längere Zeit auf den Bauch,
denn sie trug eine hellblaue Schürze mit der Aufschrift: »soft
seizure. makes come out happiness;« (inklusive der Satzzei-
chen).

Die Japaner lieben es auch, Worte aus dem Westen zu im-
portieren. Joshua regte sich immer wieder darüber auf, wenn
die Japaner englische Worte zweckentfremden. Das unter-
grub unser ohnehin angeschlagenes Vertrauen in die Be-
griffe. Aus Joshuas Sicht ist beim Import solcher Worte etwas
schiefgegangen – wie bei Babys, deren Namensbändchen die
Krankenschwester nach der Geburt vertauscht hat. Vermutlich sehen wir aber einfach nur Sprache bei der Arbeit zu.
Die ganzen lateinischen und englischen Worte im Deutschen
benutzen wir ja auch nicht in ihrer ursprünglichen Bedeutung.

Joshua störte sich zum Beispiel an dem Sportgetränk
»Pocari Sweat«. So ein Gesöff trinke er nicht. »Wer will schon
Japanerschweiß in der Dose?« Yusuke dagegen fand gar
nichts bei dem Namen. »Schließlich weist das am ehesten
auf die Zusammensetzung hin, oder?«

Auf einer Serie von Notizbüchern fand sich eine Art Luft-
hansa-Logo, daneben stand auf Deutsch einfach und schlicht
»Rollbahn«, und dann:

Ferne Reisen
machen weise

Die Propeller
drehen sich.

Das Flugzeug
gewinnt an Höhe.

Reisen bedeutet
leben.

Gerade der letzte Block dieses konzisen Gedichts wehte hinüber ins Metaphysische, in Gefilde der unwiderlegbaren Wahrheiten, die auch in ihrem eigenen Gegenteil stimmen. Das erinnerte mich an einen Getränkeautomaten, der die riesige Aufschrift trug:

Boss is
the Boss!

Einmal wöchentlich fuhr ich mit dem Rad in den »Tempel der großen erleuchteten Friedfertigkeit«, um Zen-Übungen zu machen. Die Tempelhallen lagen zwischen Kiefern, Kirschbäumen und haushohem Bambus draußen vor der Stadt. Zur Anlage gehörten auch ein Steingarten und ein Park mit kleinen Holzbrücken über Bergbächen.

Beim Treffen zur Meditation hockten zehn bis fünfzehn Leute auf Matten und starrten auf einen nicht vorhandenen Punkt vor sich hin. Sie hielten die Augen halb geschlossen, zählten ihre Atemzüge und dachten an möglichst gar nichts.

Wie die anderen es machten, weiß ich nicht, aber mir gelang es während des ganzen Jahres nicht, wirklich zu meditieren. Kaum hatte ich eine Weile meine Atemzüge gezählt, ging mir wieder der Alltag im Kopf herum. Außerdem hatte ich anfangs nicht verstanden, dass ich die Augen ein Stück offen halten sollte, und machte sie zu. Das erhöhte die Gefahr des Einschlafens beträchtlich, so dass der Priester öfter mit seinem Stock neben mir mahnend auf die Matten klopfte.

Der Priester trug eine verwaschene gelbe Robe und hatte den Kopf rasiert. Er war ein humorvoller Typ Anfang fünfzig. Ich freute mich, dass er mich nicht nur an den wöchentlichen Zentreffen teilnehmen ließ, sondern auch zum Plaudern einlud.

Viele junge Japanliebhaber finden Zen ganz toll. Bei den meisten, wie bei mir, kühlt sich das Interesse dann ab. Ich lächelte schon zu Fukui-Zeiten über die Amerikaner Anfang zwanzig, die in Kioto in den Tempel eintraten und in Mönchsgewändern bettelnd durch die Stadt liefen. »Meistens hält das nur ein halbes Jahr, dann sind sie wieder zu Hause in Kalifornien. Aber sie zahlen gut«, erzählte mir der Tempelpriester. Für ihn war Zen harte tägliche Arbeit. Er nannte die Meditation »Training«, und er musste den Tempel als Chef am Laufen halten. Geld vom Staat gibt es nicht, so dass er praktisch einen mittelständischen Betrieb unterhielt – Produkt: spirituelle Dienstleistungen.

Ich war froh, mich zum Meditieren einfach dazusetzen zu können. Vorher hatte ich schon befürchtet, der Zugang werde schwerer sein. Ein älterer Landeskenner erzählte mir, wie er bei seinem ersten Aufenthalt das Töpfern hatte erlernen wollen. Der Meister führte ihn in die Werkstatt und zeigte ihm einen Reisigbesen. »Im ersten Jahr darfst du die Werkstatt fegen. Im zweiten Jahr lassen wir dich dann vielleicht den Ofen reinigen, wenn du dich beim Fegen als würdig erwiesen hast. Schon im dritten Jahr darfst du möglicherweise den Ton berühren.« Mein Bekannter lehnte dankend ab.

Unser Priester erzählte von Anfang an ausführlich vom Zen, obwohl das wahre Zen sich Worten entzieht. (Ich verstehe bis heute nicht, wie das zusammenpasst.) »Alles ist miteinander verbunden. Auch die Kohlköpfe dort« – er wies durch in den Tempelgarten – »sind eins mit dir, du weißt das bloß nicht.«

»Hnnnnnnn«, machte ich die erforderlichen Laute des Erstaunens.

»In dem Moment, wo wir die Unterscheidung zwischen uns und dem Weißkohl aufgelöst haben, erreichen wir die Erleuchtung«, erklärte er. »Und wenn es keine Unterscheidungen gibt, dann ist alles nichts. Denn Dinge existieren nur durch ihre Abgrenzung von anderen Dingen, zumindest in unserer Illusion.« Das Verständnis von der grundlegenden Nichtigkeit der Welt war für mich fortan mit Weißkohl verbunden.

Irgendwann wagte ich eine knifflige Frage: »O-Shô-san, sind Sie selbst eigentlich erleuchtet?«

»Wenn ich jetzt sage, ich bin erleuchtet oder nicht erleuchtet, ist das schon ganz falsch«, sagte der Priester fröhlich. So unklar endet es immer, wenn ein Zen-Meister eine klare Frage beantworten soll.

Kenji kam zu Besuch nach Fukui. Als ich ihn am Busbahnhof abholte, fiel mir der Blick auf, mit dem er seine Umgebung betrachtete. Ich sah den Platz plötzlich mit den Augen des eleganten Tokioters. Vor Fukuis Geschäftszeilen waren Vordächer aus grobem Wellblech angebracht. Braunrote Roststreifen liefen an ihren Stützpfeilern hinab. Viele Geschäfte waren geschlossen und hatten gewellte Rollläden heruntergelassen, an denen Fetzen von Aufklebern und Plakaten hingen. Japan ist eines der reichsten Länder der Welt, legt jedoch nicht immer Wert auf Dekoration.

»Schön hier«, sagte Kenji, und es sollte unmissverständlich heißen: Was für ein trostloser Ort. Du kannst dankbar sein, dass ich aus Tokio, dem Nabel der Welt, hierher zu dir komme.

Miguel, Yusuke, Akiko und ich nahmen Kenji abends mit zu Yakitori bei Akiyoshi, einem Hühnerspießchenladen. Yakitori-Restaurants stecken nicht einfach nur Fleisch auf Spieße. Sie verarbeiten praktisch das ganze Huhn außer Kopf und Federn. Akiyoshi reichte auch Spieße mit Knorpel, Fett oder Anus. Er grillte auch sonst alles, was sich auf Bambusspießchen stecken ließ, etwa Okraschoten, Käsestücke oder Lotoswurzeln. Dazu floss ständig Bier in eiskalt angelaufene Halblitergläser. Im Erdgeschoss bei Akiyoshi saßen die Gäste an einer Theke rund um die drei riesigen Grills, aus denen rauchige Flammen in die Lüftung schlugen. Hier standen acht junge Männer und grillten im Akkord, während sich zwei Mädchen um die Gäste kümmerten – zehn fitte Leute, ständig in Bewegung.

Sie machten einen Riesenlärm. Wenn ein Gast kam, riefen alle zehn im Chor: »Willkommen!« Bestellte einer »sechs

Spieße Schweinezunge!«, dann rief das Bedienmädchen aus vollem Hals rechts zum Schweinebrater »Shun! Sechsmal Zunge!«, dann nach links: »Hiro! Sechsmal Herz!« – Jeden dieser Aufträge bestätigten Shun, Hiro und die anderen ebenso lautstark: »Ja, verstanden, sechsmal Herz!« Als bestellender Gast hatte ich immer das Gefühl, nur eine Nebenrolle in einer Aufführung von »Japanisches Restaurant« zu spielen.

Die Männer trugen weiße Überwürfe, die ihre Arme frei ließen, kurze Schürzen über blauen Hosen und ein Tuch um den Kopf. Teller gab es nicht. Die Brater legten die fertigen Spieße vor den Gast auf eine Metallfläche, die um die Theke lief. Hin und wieder wischten sie die Fläche mit Alkohol ab.

»Na ja, für eine abgelegene Landstadt ganz beeindruckend«, sagte Kenji.

»Und gar nicht weit weg von der Uni«, pries ich mein Fukui an.

»Ja, die Uni ist auch ganz niedlich. Na ja, für dich als Ausländer dürfte es ja reichen.«

»Was meinst du damit?«

»Du bist in Deutschland ja an einer guten Uni mit bekanntem Namen eingeschrieben. Dann macht es vermutlich nichts, wenn du ein Jahr in Fukui bist.«

Ich blickte zu Yusuke und Akiko hinüber, die echte Fukui-Studenten waren, und zweifelte für eine Sekunde daran, ob ich Kenji wirklich mochte. Dann begriff ich, dass alle Japaner für immer an meiner Intelligenz zweifeln würden, wenn sie von meinem Studienort hörten. Das Prestige der großen Hochschulen überstrahlt alles. Auf eine Landuni geht dagegen nur, bei wem es einfach nicht für mehr langt.

»Ach, weißt du«, sagte ich zu Kenji, »für einen einfachen Ausländer wie mich reicht Fukui völlig!«

Um ihm doch noch die Schönheiten Fukuis zu vermitteln, gingen wir mit Kenji am Kernreaktor angeln. Die Küste ist ohnehin reich an Fisch. »Aber in der Nähe der großen Atomkraftwerke gibt es sogar noch viel mehr zu holen«, sagte Yusuke. »Das Kühlwasser wärmt das Meer, und das zieht besonders leckere Arten an.«

»Ist das nicht gefährlich?«, fragte ich.

»Wieso soll das denn gefährlich sein?«

»Wegen Radioaktivität und so.«

»Aber Finn, normalerweise kommt doch gar keine Radioaktivität aus einem Atomkraftwerk heraus. Ich habe das mit Yusuke schon öfter gemacht«, sagte Akiko.

»Das sind ja tolle Zeitvertreibe, die ihr hier auf dem Land habt«, murmelte Kenji.

Einmal ist keinmal, beruhigte ich mich. Mit dem Auto von Akikos Mutter fuhren wir hinaus zum Kernkraftwerk Tsuruga. Yusuke wusste eine kleine Bucht knapp außerhalb der Absperrungen, die öffentlich zugänglich war. Ein alter Betonpier lief einige Dutzend Meter ins Wasser hinaus, bevor er bröckelig versank. Vor der Bucht zog Yusukes Theorie zufolge das angewärmte Kühlwasser mit der Meeresströmung vorbei und lockte die Fische an. Er besaß eine Sammlung von Angelruten und konnte mir und Kenji welche leihen. Außer uns waren noch neun oder zehn andere Angler da, was mich ein wenig beruhigte. »Atomangeln, das könnt nur ihr Japaner euch ausdenken«, sagte ich.

»Und ich dachte, auf dem Lande gäbe es nur Pachinko-

Spielhallen, Love Hotels und Convenience Stores als Zeit-vertreib«, murmelte Kenji.

Yusuke zog zwei Fische aus dem Wasser, Akiko und ich je einen und Kenji keinen. Meiner war ziemlich klein. Und hatte er nicht ein auffälliges Geschwür am Kopf? War die Verdickung unten am Leib kein Tumor? Der Fisch sei ganz normal, versicherte mir Yusuke. Ich hätte im Gegenteil ein Riesenglück gehabt, gleich beim ersten Versuch eine Suzuki geangelt zu haben.

»Wenn der Monju noch laufen würde, könnten wir sogar in einer besseren Bucht angeln. Aber seit dem Unfall produ-ziert der Reaktor keine Wärme mehr«, sagte Yusuke.

»Unfall?«, fragte ich.

»Ja, ein Stück weiter an der Küste liegt ein Brutreaktor, an dem es vor zwei Jahren diesen Störfall gegeben hat.«

»Ach, das ist hier?«, fragte Kenji interessiert. »In der An-lage soll es ja ganz schön gebrannt haben.«

Ich blickte auf den Fisch im Eimer.

»Aber anders als bei dem Tsuruga-Zwischenfall von 1981 ist dabei keine Radioaktivität ins Meer ausgetreten«, sagte Akiko in beruhigendem Ton.

»Wo war dieser Tsuruga-Zwischenfall?«

»Na, hier an dem Kraftwerk. Aber das ist ja jetzt schon lange her. So, und jetzt lasst uns den Fisch grillen!«

Die Küste stieg in der Gegend des Kernreaktors steil an, so dass wir uns über dem Reaktor an den Hang setzen konnten, nicht weit vom ersten Ring der Stacheldrahtzäune entfernt. Wir öffneten ein paar Getränkedosen und blickten übers Meer, vor uns die flache weiße Kuppel des Reaktorgebäudes, das in der Strandlinie lag wie ein gelandetes Raumschiff. Der

Himmel war bedeckt, und jetzt am Abend unterschied sich die grauweiße Farbe des Meeres nur in Schattierungen von der des Atomkraftwerks. Als die Sonne untergegangen war, strahlte dagegen die Reaktorkuppel als einzige Lichtquelle vor einem tiefschwarzen Ozean. »Wirklich schön hier«, sagte Akiko und nahm einen Schluck.

»Es ist echt etwas Besonderes«, sagte Kenji und raffte sich zum größtmöglichen Lob auf: »So was haben wir in Tokio nicht.«

Ein Jahr nachdem ich in Fukui gelandet war, musste ich nach Deutschland zurück. Trotz langer Sitzungen im Zen-Tempel war ich der Erleuchtung nicht nähergekommen, dafür war einfach zu viel passiert. Akiko studierte in Fukui weiter und suchte dann nach einem internationalen Arbeitgeber. Yusuke machte mehr schlecht als recht seinen Abschluss. Miguel erhielt seinen Master als Ingenieur. Kenji wurde mit den Weihen seiner Tokioter Edel-Uni von einem Großunternehmen genommen.

Unser Angelausflug zu den Kernmeilern von Fukui lag 13 Jahre vor dem schweren Unfall am Kraftwerk Fukushima Daiichi. Damals war nur zu befürchten, aber noch nicht abzusehen, wohin der sorglose Umgang mit der Atomkraft Japan führen würde. Nun müsste man meinen, Yusukes Einstellung habe sich seitdem völlig gewandelt. Weit gefehlt. Im März 2011, kurz nach der Katastrophe, habe ich ihn in Tokio getroffen und ihn gefragt, ob er immer noch am Monju angeln gehen würde. Zu meinem Erstaunen sagte er völlig cool: Ja, denn solange das Kraftwerk nicht kaputt sei, trete ja auch keine Strahlung aus.

東
京
万
華
鏡

Japaner und die Realität

oder

Tokio als Vergnügungspark

Für die Japaner ist Realität nicht dasselbe wie für Europäer. Sie sind eher bereit, verspielte Scheinwelten zu akzeptieren, und fühlen sich eigentlich nur in Disneyland richtig wohl. Deshalb gestalten sie ihre ganze Hauptstadt als Vergnügungspark – und verkleiden sich gerne.

Genau neun Jahre nach dem Auslandsstudium traf ich meine Fukui-Freunde in Japan wieder. Seitdem hatte ich eine Journalistenschule besucht und als Redakteur beim *Handelsblatt* angefangen. Der Chefredakteur schickte mich 2006 wegen meiner Japankenntnisse als Korrespondent nach Tokio. Schon am ersten Tag wurde mir klar: Das Land hatte sich kaum verändert. Es hatten sich bloß die Herren der Lebensmittelindustrie entschlossen, das heilige Ritual des Reiswaschens abzuschaffen. Es gab jetzt in jedem Supermarkt vorgewaschenen Reis. Früher wäre das undenkbar gewesen, aber die Sitten verfallen nun einmal auch in Japan unaufhaltsam.

Mit Kenji hatte ich die Jahre über problemlos Kontakt gehalten. Seit er nahtlos nach der Uni in seine Firma eingetreten war, hatte sich seine dienstliche E-Mail-Adresse nicht verändert. Einige Tage nach meiner Ankunft schrieb ich ihn an, und wir verabredeten uns fürs Wochenende.

Auch Miguel arbeitete seit dem Abschluss in Tokio. Das wusste ich, doch wir hatten schon seit Jahren nicht mehr gemailt oder telefoniert. Ich hatte auch gehört, dass er mit einer Japanerin verlobt war und sie heiraten wollte. Ich suchte über Skype nach Namen aus der Fukui-Zeit und fand ihn prompt. Im Textchat gab ich ihm meine Telefonnummer.

Ich staubsaugte am Samstagmorgen das Wohnzimmer, als mein Handy klingelte. Eine Stimme meldete sich auf Japanisch. »Hier spricht die Polizei. Mit Ihrer Ausländeranmeldung ist etwas nicht in Ordnung. Ihnen droht sofortige Ausweisung.« Ich brauchte noch weitere drei Sätze, bis ich kapierte, wer dran war. Miguel sprach das japanische »dsch« wie in »Fuji« immer noch wie ein deutsches »j«.

»Verarsch mich nicht«, sagte ich und hoffte, dass es nicht versehentlich doch die Polizei war. »Du und dein lateinamerikanischer Humor«, sagte ich auf Englisch. »Wann können wir uns treffen?«

»Weißt du, dass es hier in Tokio einen Akiyoshi gibt?«

»Einen was?«

»Den Bratspießchenladen Akiyoshi aus Fukui. Er hat eine Filiale in Ikebukuro aufgemacht.«

Das war nur zwei U-Bahn-Stationen weit weg.

»Ich bin schon mit einem Freund verabredet, Kenji – erinnerst du dich, er hat mich mal in Fukui besucht. Macht es dir was aus, wenn er mitkommt?«

Tatsächlich sah der Bratspießladen Akiyoshi 2007 in Tokio innen so ähnlich aus wie Akiyoshi 1997 in Fukui, nur neuer und steriler. Der Filialleiter war bereits ein Freund von Miguel und behandelte uns wie Ehrengäste. Das Bier und die Spießchen kamen besonders schnell. Wir nahmen Haut, Knorpel und Leber.

»Hast du deine Japanerin geheiratet?«

Er zeigte mir seinen Ehering.

»Kinder?«

»Noch nicht.«

Ich sah mir Miguel genauer an. Er wirkte distinguierter durch sein Leben als Firmenangestellter und Ehemann.

»Ich war heute bei der Alien Registration«, sagte ich.

»Da verbringe ich auch viel Zeit. Meine Sachbearbeiterin auf dem Ortsamt ist bereits eine alte Bekannte von mir. Zeig mal deine Alien-Karte.«

»Muss das sein?«

Ich zog meinen Geldclip heraus und gab ihm die Karte. »Du darfst bis Ende 2009 bleiben«, entnahm er der Karte. »Und du arbeitest jetzt für eine Wirtschaftszeitung.« Die reflektierenden Rillen der Plastikkarte glitzerten, während Miguel sie hin und her drehte.

Jeder Nichtjapaner erhält so einen Ausländerausweis. Schon in Fukui musste ich ihn immer mit mir herumtragen, damals noch mit meinem Fingerabdruck drauf.

»Ein unmöglicher Name, Alien Registration«, sagte ich.

»Gewöhn dich dran, du bist jetzt ein Außerirdischer. Die Japaner wissen halt nicht, dass in Wirklichkeit *sie* die Aliens sind.«

»Ihr seid leicht zu finden. So viele Deutsche und Südamerikaner sitzen hier ja nicht zusammen. Lange nicht gesehen«, sagte plötzlich Kenji neben uns. Welch ein Unterschied zur Begrüßung mit Miguel. Wir hatten uns umarmt, gegenseitig auf den Rücken geklopft, uns in Armeslänge betrachtet und uns laut versichert, dass wir besser aussähen als je zuvor.

»Wirklich lange nicht gesehen«, sagte ich also einfach zu Kenji. Nicht alle Japaner mögen emotionale Zeremonien mit großen Umarmungen.

»Entschuldigung!«, rief Kenji erst mal. »Drei Bier!«

»Verstanden! Drei Bier!«, echote es von all den emsigen Kellnern in weißen Yukata gleichzeitig. Der Ruf pflanzte sich bis zum Zapfhahn fort.

Kenji sah genauso aus wie damals. Er gehört zu den Japanern, die sich von der Mittelschule bis ins Rentenalter nur wenig verändern. Die Sache ging jetzt also einfach da weiter, wo sie aufgehört hatte. Wir sprachen ab jetzt Japanisch. Es war fast wie damals in Fukui: Wir saßen mit Sapporo-Bier, Knorpel-Dreiecken und Leberspießchen bei Akiyoshi. Ich wurde richtig froh, mit Japan am Ball geblieben zu sein, trotz der vielen Schriftzeichen und grammatischen Feinheiten.

Kenji und ich stellten uns all die Fragen, die vorher auch Miguel und ich uns gegenseitig beantwortet hatten, um uns wieder auf den neuesten Stand im Leben des anderen zu bringen. Kenji arbeitete für einen Elektrokonzern. Er wohnte in der Stadt Kawasaki und musste daher morgens eine Stunde bis zu seinem Arbeitsplatz fahren.

Wir stoppten an diesem Abend noch in drei Trinkläden und zogen dabei einen großen Halbkreis um den Bahnhof von Ikebukuro. Die Zweigstelle von Akiyoshi lag in einer Straße mit exotischen Restaurants: indisch, mexikanisch, türkisch, und mit »Akiyoshi« auch ein Laden aus Fukui. Von hier aus waren es nur einige hundert Schritte bis zum Westausgang des riesigen Bahnhofs, der massig in der Mitte des Viertels lag. Er war mit zwei der größten Kaufhäuser der Welt verschmolzen, jedes größer als das KaDeWe in Berlin. Um die Bahnhöfe reihten sich Spielhallen an Stripbars, dazwischen rangelten Nudelsuppenläden und Handyshops um Kunden. Auf der Straße riefen alle paar Meter Anpreiser ihre Sprüche. Einige zeigten die Menüs von Grillrestaurants vor, andere versuchten uns mit dem Versprechen »Kein Mindestverzehr!« in eine Hostessen-Bar zu locken. Miguel kannte im ersten Stock eine Izakaya, die der Innenarchitekt im Retrodesign der Sechzigerjahre ausgestattet hatte – mit weißem Plastik und Nierentischen. Da wir schon gegessen hatten, bestellten wir nur Bohnen und Käsekuchen. Es kam eiskaltes Ebisu-Bier in schlanken Gläsern.

Wir redeten eine Weile über die Vor- und Nachteile der Ausgehviertel von Tokio. Auf der Ginza gab es einige schöne Läden, aber die machten alle um elf Uhr abends zu. Roppongi hatte ebenfalls brauchbare Orte, war aber überteuert. In Shibuya trieben sich zu viele hypermodische Teenager herum. Es blieben eigentlich nur Shinjuku und Ikebukuro, behauptete ich. Kenji widersprach, er fände Ikebukuro schmutzig und heruntergekommen.

Ich führte Kenji und Miguel durch die Unterführung auf die andere Seite des Bahnhofs, weil ich unser nächstes Ziel vorgegeben hatte: einen rauchigen, engen Trinkladen ganz in Holz – als Kontrast zu dem unterkühlten Design des Retro-Ladens. »Der Mann, der aus dem Norden kam«, eine Izakaya mit Stühlen zum Sitzen, fiel durch seine altertümliche Bretterfassade auf.

So geben sich viele Läden in Tokio Mühe, etwas Besonderes zu bieten und eine eigene Realität zu schaffen, ein bisschen wie ein Themenrestaurant. Im »Mann aus dem Norden« schloss ein Rechteck von Thekenplätzen vier Köche und Barmänner ein. Sie versorgten den ganzen Landen mit Essen und Trinken. An jeder Seite der Theken saßen sechs Gäste, darum herum quetschten sich Tische ins Dunkel der Ecken. Zwei Bedienungen zwängten sich irgendwie mit dem Bestellten mittendurch. Es duftete nach Hühnerspießen und gebratenen Krebsen auf dem Holzkohlegrill. Wir hatten wieder Hunger und bestellten marinierte Tintenfischstücke in Alufolie, rohe Austern und Sesam-Tofu. Dazu heißen Sake zum Aufwärmen nach dem Weg.

Für Miguel und Kenji wurde es bald Zeit, die letzte U-Bahn zu erwischen. Ich verabredete mich fürs kommende Wochenende mit Kenji, und er versprach, Akiko Bescheid zu sagen. »Meine letzte Bahn kommt!«, rief er und rannte los. In Tokio, der 30-Millionen-Stadt mit der riesigen Ausgehszene, fahren nach Mitternacht nur noch Taxis.

Das Apartmenthaus, in dem ich zu jener Zeit wohnte, stand auf einem Hügel. Ich konnte also durch die Glasfronten über die Stadt blicken. »Auf einem Hügel« heißt allerdings nicht, dass so etwas wie ein Hügel zu sehen gewesen wäre. Der Verlauf des Geländes ließ sich nur daraus erschließen, dass die Straßen in meine Richtung eine leichte Steigung annahmen. Vor allem an klaren Abenden konnte ich meine Gäste mit dem Ausblick beeindrucken.

Tokios Innenstadt hat keine Skyline wie Hongkong oder Manhattan. Vor mir ausgebreitet lag also ein eher dunkles Gewirr von Gässchen mit kleinen Häusern. Jedes davon stand einzeln, jedes davon war anders. Es sah so aus, als hätte jemand eine Kiste Bauklötzchen über den Betongrund ausgekippt. Dahinter erst erhoben sich die Hochhäuser, aus denen die Lampen in den Büros spätabends leuchteten. Auf ihren Dächern blitzten rote Warnlichter.

Doch jetzt herrschte heller Tag, und leichter Dunst lag bis über den Horizont auf den Häusern und Wolkenkratzern, so dass der Berg Fuji nicht zu sehen war. Ich riss mich von der Aussicht los, um nach Ikebukuro zu fahren.

Im Café Pronto warteten nicht nur Miguel und Sachiko auf mich, sondern zu meiner Überraschung auch Akiko. Pronto war zwar auch eine Kette, aber gut gemacht. Es duftete immer intensiv nach Espresso, und es wurde Jazz gespielt. »Mensch, lange nicht gesehen«, rief Akiko. »Wirklich, wirklich lange«, sagte ich.

Dann, ganz Akiko, motzte sie erst mal: »Das ist ja mal wieder typisch deutsch, sich hier mit diesen Riesentüten breitzumachen. Was hast du denn alles gekauft?«

Japaner scheinen trotz ihrer Konsumwut nie viel Gepäck dabeizuhaben. Ich hätte meine Einkäufe in einem Schließfach verstauen sollen, bevor ich herkam.

»Es ist das erste Mal, dass wir uns treffen. Ich bin Finn«, sagte ich zu Miguels Frau Sachiko.

»Es ist das erste Mal. Schön, dich kennen zu lernen«, antwortete sie.

Da sich alle außer Sachiko und mir schon kannten, unterhielten wir beide uns erst mal über das Wichtigste. Sie arbeitete als Architektin, war seit zwei Jahren mit Miguel verheiratet und wollte auf keinen Fall mit ihm nach Kolumbien gehen, das folgerte ich aus ihren zurückhaltenden Äußerungen. »Ich habe schon viel von dir gehört!«, sagte Sachiko. Ich erzählte ein bisschen von meinem Job und fragte sie, welche Gebäude in Tokio sie entworfen habe. Alles sichere Themen, für die mein Japanisch auch in der Anfangsphase ganz gut reichte. Sachiko stellte eine Frage, die ich oft zu hören bekam und die mich jedes Mal aufs Neue erstaunte: »In welcher Sprache schreibst du denn diese Artikel? Auf Japanisch oder auf Englisch?« Andere Sprachen scheint es für die Japaner nicht zu geben.

Yusuke sah ich in Tokio zum ersten Mal seit Fukui wieder, als Akiko uns in dem Lokal *Zauo* zusammenbrachte. Die Gäste angelten dort ihre Fische mit kurzen Ruten aus einer Wasserlandschaft, die das gesamte Lokal durchzog. Kenji war auch dabei.

»So schön wie am Atommeiler ist es hier aber nicht«, sagte Akiko.

Wir saßen in einem der Einzelabteile mit Tatami, wo wir die Beine in ein Loch unter dem niedrigen Tisch baumeln ließen. Unsere vier Haken hingen ins Wasser, es biss erst mal nichts an, wir tranken Sapporo-Bier und aßen dazu gekochte Knabberbohnen und Salat mit Sesam-Tofu. Um uns herum lärmten Kellner und Familien. Jedes Mal, wenn ein neuer Gast hereinkam, verbreitete sich das »Willkommen« des Personals durch den ganzen Laden.

Von Akiko wusste ich, dass Yusuke nicht viel mit seinem Job angeben konnte. Er hatte sich seit Fukui ins Heer der Aushilfsarbeiter mit Uni-Abschluss eingereiht und gehörte damit zur verlorenen Generation in Japans Wirtschaftsgeschichte. Wegen der langen Wirtschaftskrise der 90er-Jahre brauchten die Unternehmen all die Leute nicht mehr, die von den Hochschulen kamen. Nur noch die ganz ehrgeizigen Studenten fanden eine Stelle. »Ich wollte mir aber nie so einen Stress machen«, redete er seine Jobs schön. Er arbeitete jetzt seit einigen Jahren bei einem Zustelldienst als Lieferfahrer. Immerhin hat er den Job auch in der neuen Krise 2009 behalten.

»Huaaaaaahhhhh«, rief Yusuke plötzlich. Bei ihm hatte ein Fisch angebissen. Er zog ihn gekonnt aus dem Wasser. Kenji und ich staunten, Akiko applaudierte. Vier oder fünf Jungen und Mädchen vom Personal eilten herbei, beglückwünschten Yusuke und riefen Hurra. Dann musste er mit einem Kellner zusammen ein lustiges Klatschritual machen, einmal links, einmal rechts, zweimal Mitte. In dem großen Laden rief ständig irgendwo jemand Hurra, und irgendjemand klatschte dann. Auch hier herrschte mal wieder eine Atmosphäre wie auf dem Jahrmarkt.

»Wie sollen wir ihn zubereiten lassen?«

»Als Sashimi«, sagte Yusuke.

Der Fisch kam nur wenige Schlucke Bier später aus der Küche zurück. Wir freuten uns über die rohen, weiß glitzernden Fischscheiben an der halb aufrecht drapierten Flunder. Sie zuckte noch mindestens eine Minute lang mit dem Schwanz, während der Mund auf- und zuklappte. Wir pickten das Fleisch also praktisch von dem noch lebenden Fisch herunter.

Direkt neben uns erhob sich plötzlich das Geschrei eines kleinen Mädchens. Es weinte und bockte. Die Eltern wollten gehen, das Kind aber traute sich nicht über die hölzerne Brücke, die zum Ausgang führte. Denn unter der Brücke lag der künstliche Fluss mit den Fischen, die die Kleine zuvor mit »kawaiiii« bejubelt hatte, »sind die süüüß«. Danach hatte sie die Fische gegessen. Jetzt beim Rausgehen kombinierte das Mädchen diese zwei Fakten offensichtlich. Der Vater trug es schließlich über die Brücke, während seine Tochter sich die Augen fest zuhielt.

Obwohl die Japaner schon ihre ganze Hauptstadt als Vergnügungspark gestalten, finden sie ihre völlige Erfüllung erst im Disneyland direkt hinter der Grenze zur Nachbarpräfektur. Mit dieser Wahrheit konnte ich deutsche Japanliebhaber zuverlässig enttäuschen. Disneyland, das ist für unsereins doch sinnleere Ablenkung, das ist eine Plastikwelt, da arbeiten Niedriglöhner ohne richtigen Vertrag, und es ist amerikanisch.

Japaner sehen Disneyland ganz anders. Japanische Reisebücher über Tokio fangen gleich mit einem mehrseitigen Special an: die besten Attraktionen in Disneyland, mit bunten Karten. Alle Reiseführer machen das, auch der mit den Teeschalen und Schriftrollen auf dem Titelbild – der Unterschied liegt nur in der Auswahl der Fahrgeschäfte und Shows.

Kenji wollte eine neu eröffnete Attraktion sehen, Akiko hatte einen Gast aus Amerika zu unterhalten, das Wetter war gut, und wir nahmen uns einen Wochentag frei, um die Schülerhorden zu vermeiden. Mir als Deutschem kamen jede Stunde neue Schuldgefühle hoch. Fehlte hier nicht jede Kultur? War dies nicht Verdummung für die Massen – eine Verschwendung des intellektuellen Potenzials, das dem Menschen zu seiner Verwirklichung gegeben? »Das ist doch alles nur Konsum!«, stieß ich hervor, als wir in der Warteschlange zu »Pu, der Bär« standen. »Ja, sicher«, sagte etwas abwesend Akiko und studierte weiter die Karte des Parks auf der Suche nach der besten Strategie für den heutigen Rundgang. Kenji reagierte gar nicht. Ich hielt also wieder für eine Stunde die Klappe und genoss die laute, vollelektronische Pu-der-Bär-Schau, die der Disney-Konzern aus einem poetischen kleinen Kinderbuch der Zwanzigerjahre gemacht hatte.

Was eigentlich ist an Disneyland schlecht?, fragte ich mich. Warum würde ein deutscher Akademiker nur unter Protest in eine Disneywelt gehen? Schlechte Löhne für einfache Arbeit zahlen praktische alle Unternehmen. Ist Disneyland irgendwie zu amerikanisch? Die Walt Disney Company hat nicht den Irak-Krieg angefangen, sondern liefert nur Unterhaltung. Auch der Effekt einer geistigen Verflachung lässt sich vernachlässigen. Am Wochenende vorher war ich noch bei »Elfriede Jelinek – die unbequeme Nobelpreisträgerin. Vortrag und Gespräch« im Tokioter Goethe-Institut gewesen, befand mich in dieser Hinsicht also außer Gefahr.

Vermutlich sperren sich Europäer mehr gegen die Verführung durch die Illusion. Japaner lieben das Spiel mit der Realität. Regierungschef Koizumi Junichiro war auf George Bushs Ranch als Elvis verkleidet aufgetaucht, zum Schrecken des Gastgebers. Für solche Leute spricht eben auch nichts gegen eine ins Monströse vergrößerte und zugleich vereinfachte Version von Pu, dem Bären.

Und wenn schon Disney, dann Tokio. Kenner von Vergnügungsparks sind sich einig, dass Japan das beste Disneyland der Welt hat. Die Mitarbeiter lächeln freundlicher, die Organisation läuft glatter als anderswo. Kein Wunder, denn im

Aufbau von Scheinwelten macht den Japanern keiner etwas vor.

Die Schülerhorden hatten wir vermieden, aber mich wunderte immer wieder, was für Leute dorthin gingen. Bestimmt die Hälfte der Besucher war Ende zwanzig, Anfang dreißig. Viele Paare in diesem Alter kamen offenbar für ein Date her. Dazu kamen auch viele Endvierziger ohne Kinder. »Die hegen nostalgische Gefühle für den Park«, vermutete Akiko. »Darauf wird es bei Kenji auch hinauslaufen.«

Der Betroffene hörte sie nicht. Kenji, 32 Jahre, in verantwortungsvoller Position bei einem Großunternehmen, ließ sich gerade mit einer Donald-Figur fotografieren. »Prima, der hat mir noch für meine Sammlung gefehlt«, kam er glücklich strahlend zu uns zurück gelaufen.

In den ersten Monaten in Tokio verwendete ich täglich viele Stunden einfach nur darauf, pünktlich zu sein. Mein Abenteuerspielplatz zeigte sich plötzlich in stressiger Weise kompliziert. Viele Firmen, Ministerien oder Universitäten besuchte ich zum ersten Mal, und wenn ich den Weg nicht schon kannte, war ich aufgeschmissen. Im riesigen Tokioter U-Bahn-Netz fahren zwar alle Bahnen pünktlich, doch wer nach Ankunft zum falschen Ausgang hinausgeht, muss mehrere Kilometer Umweg in Kauf nehmen und verirrt sich fast sicher. Ich nahm immer eine Reserve von einer guten Stunde mit, und die brauchte ich auch.

Auf dem Weg zu einem Mittelständler am Stadtrand stieg ich zunächst irrtümlich in einen Expresszug, der an meinem Ziel vorbeiraste und mich erst mehrere Kilometer weiter hinausließ. Schließlich am richtigen Bahnhof angekommen, bemerkte ich etwas Schreckliches. Ich hatte den Lageplan nicht mitgenommen. Ohne Karte war es in Tokio unmöglich, eine Adresse zu finden. Die Straßen haben in Tokio keine Namen. Außerdem liegen die Hausnummern nicht nebeneinander. Auf Haus Nummer zwei folgt beispielsweise die Nummer 57.

Ich starrte auf den Umgebungsplan im U-Bahnhof und versuchte, mir den Weg einzuprägen. Der Weg vom Bahnhof zum Ziel stellte sich als viel weiter heraus als gedacht. In dem Hochhaus musste ich zudem noch in den siebenundzwanzigsten Stock. Ich musste am Aufzug warten, während außer mir mehrere hundert Mitarbeiter anderer Unternehmen hinauffahren wollten. So ging die Stunde Reserve locker drauf. Um einen Termin um elf Uhr wahrzunehmen, ging ich um neun aus dem Haus.

In einigen Fällen lief jedoch alles glatt, und ich war eine Stunde zu früh da. Dann machte ich, was die Japaner auch alle machen. Ich setzte mich in die nächste Filiale der allgegenwärtigen Kaffeeketten und wartete bis exakt sieben Minuten vor dem Termin. Ich erkannte beim Warten ein Muster. In der 23. und der 53. Minute jeder Stunde steht jeweils ein Dutzend Leute auf und eilt zum Ausgang der Filiale. In Japan gilt es als korrekt, genau fünf Minuten vor dem Termin einzutreffen. Nicht früher – das würde den Geschäftspartner unter Druck setzen. Nicht später – dann könnte das eigentliche Gespräch nicht exakt zur angegebenen Zeit beginnen.

Trotz der allgemeinen Verlässlichkeit der Japaner war diese Arbeitsweise recht mühsam. Zwei Verabredungen pro Tag waren in dieser Zeit das Minimum, schließlich musste ich mich in Tokio bekannt machen. Zwei Termine konnten bedeuten: anderthalb Stunden Anreise zum ersten Ort, eine Stunde Fahrtzeit dazwischen, dazu eine weitere halbe Stunde Reserve, mit der sich nicht so recht etwas anfangen ließ, und danach eine Stunde ins Büro zurück.

Auf dem Weg zum Interview mit einem Finanzchef suchte ich hektisch nach dem Lageplan. Ich erinnerte mich diesmal daran, ihn sicher mitgenommen zu haben. Dann merkte ich es: Ich hatte den Zettel beim Umsteigen gedankenlos benutzt, um ein Kaugummi und die Reste eines Reisbällchens mit Fischrogenfüllung als Müll zu verpacken. (In Tokio gibt es keine öffentlichen Abfalleimer. Die Einwohner tragen ihre Bananenschalen stundenlang mit sich herum und entsorgen sie dann zu Hause.)

Ich faltete die Karte auseinander, fing die fischigen Reisreste mit einem anderen Blatt auf und ertrug das klebrig-zerfledderte Kaugummi – es saß ganz dicht am Zielgebäude. An der Rezeption des Unternehmens angekommen suchte ich in meiner Tasche nach den unvermeidlichen Visitenkarten. Dann fing ich den angewiderten Blick des Empfangsmädchens auf. Die Karte hatte ich vor ihre Nase auf den Tresen abgelegt. Zerknittert, mit Fischrogen und Kaugummi drauf.

Um die großen Bahnhöfe herum nahmen mir glücklicherweise die Tunnel einen Teil der Suche nach dem Weg ab. Unter der Erde Tokios erstreckt sich ein weit verzweigtes System von Gängen. Der richtige Ausgang brachte einen meist schon ganz in die Nähe des Ziels.

Es lohnte sich aber auch, einfach irgendeine Treppe hochzugehen. An fast jedem Ausgang lockten neue seltsame und wunderbare Entdeckungen. Oft fand ich am U-Bahn-Ausgang wieder eine neue Straßenschlucht mit neonblinkenden Werbetafeln in Schriftzeichen. Anderswo stieß ich unerwartet auf einen alten Landschaftspark mit kleinen Steinbrücken über einem künstlichen Fluss.

Die Tokioter U-Bahn-Stationen verzweigen sich unterirdisch wie Labyrinthe und machen dadurch an sich schon Spaß. Viele von ihnen reichen so weit, dass sie schon wieder in die nächste Station übergehen und mit unterirdischen Einkaufszentren verbunden sind. Als oben einmal Taifunregen niederprasselte, mir aber nach einem Spaziergang zumute war, ging ich unter der Erde am Hauptbahnhof los und über die Stationen Otemachi und Nijubashimae bis Hibiya, von dort weiter in den Bahnhof Ginza, der wiederum über einen Tunnel mit dem Bahnhof Ginza Ost verbunden ist. Jetzt war ich bereits zwei Kilometer gelaufen, ohne den Himmel zu sehen. An jedem dieser Bahnhöfe zweigen Durchgänge in Geschäftshäuser und Einkaufsparadiese ab.

Nach einem Geschäftsessen mit einem Automanager verabschiedeten mein Gesprächspartner und ich uns in der Unterwelt des Bahnhofs Ginza. Ich zeigte auf einen Durchgang und sagte mit fester Stimme: »Ich muss jetzt da lang.« Takahashi-san zeigte in die entgegengesetzte Richtung und erklärte ebenso selbstsicher: »Bei mir geht es jetzt hier lang. Vielen Dank noch mal.« – »Bleiben Sie mir bitte geneigt!« – »Auch ich wünsche alles Gute für unsere weitere Zusammenarbeit.« Und so strebten wir los.

In Wirklichkeit musste ich in eine andere Richtung. Doch die Sitten schreiben vor, sich klar zu trennen, damit der Termin ein vernünftiges Ende findet. Mit einem beruflichen Bekannten will keiner noch die Zeit auf dem U-Bahnsteig und womöglich in einer vollen U-Bahn rumbringen. Ich bog also zügig zweimal ab, schlug einen kleinen Haken und strebte jetzt – immer noch unterirdisch – einen breiteren Gang entlang auf mein wirkliches Ziel zu.

Da kam mir Takahashi-san entgegen. Er war vor mir von der anderen Seite her in dieselbe Hauptader eingebogen.

Es folgten Momente, in denen ich hin und her gerissen war. Sofort wieder abbiegen und fliehen? Ihn wieder begrüßen? Oder …

Takahashi-san machte es vor, ganz Einheimischer in Tokioter Umgangsformen. Er ignorierte mich. Wir gingen mit einem halben Meter Abstand aneinander vorbei und schauten dabei streng geradeaus, als würden wir uns nicht sehen. Dazu gehört eine ordentliche Portion der japanischen Fähigkeit, die Realität so wahrzunehmen, wie sie sein soll, statt wie sie wirklich ist.

Tokio hat zwar vieles mit einem Spielplatz gemeinsam, aber es liegt nicht so übersichtlich ausgebreitet da – es will entdeckt werden. Als ich nach einigen Monaten dachte, die wichtigsten Gegenden endlich zu kennen – Ginza, Odaiba, Shinagawa, Roppongi, Shibuya, Shinjuku, Ikebukuro, Ueno –, fand ich dazwischen plötzlich viel nettere Ecken: Shimo-Kitazawa mit seinen Klamottenläden oder den Götterfreudenhügel Kagurazaka mit den vielen Bars und Restaurants.

Beim Jogging am Sumida-Fluss entlang Richtung Hafen fand ich langgestreckte Parks mit elegant geschwungenen Brücken und einen Dekorationshafen, in dem eine holländische Kogge als Ausstellungsstück im Schlamm stand. Am

Ufer versammelten sich die Omas und Opas aus sämtlichen Zeichenkursen der Stadt und malten den Anblick im niederländischen Stil. Zu Fuß auf dem Weg von Akasaka Richtung Regierungsviertel, gewann die Stadt plötzlich europäische Lebensqualität im asiatischen Stil. Da standen die roten Tore von Schreinen zwanglos neben Cafés im Pariser Stil.

Für mich war es täglich eine neue Freude, mich in diesem Tokio zu bewegen und es zu erkunden. Als Journalist hatte ich das Glück, ständig an neue Orte zu dürfen. Mal lud eine Bank in ein verwinkeltes kleines Museum für moderne Kunst ein, mal besichtigte ich neue Elektroprodukte im Computerviertel Akihabara, danach Mode im schicken Stadtteil Aoyoama.

In Yokohama aß ich mit Freunden im chinesischen Viertel Haifischflossensuppe. Ich hatte vergeblich versucht, sie mit Hinweis auf die Brutalität der Fangmethode von der Bestellung abzubringen. Schließlich aß ich mit und sagte mir, der Verzicht würde ohnehin keinen einzigen Hai retten. Die Asiaten sind in Asien klar in der Überzahl. (So hielt ich es dann auch mit Wal.) Anders als in den Chinatowns in Amerika wohnt in diesen Straßenzügen in Yokohama nicht wirklich die chinesische Gemeinschaft. Hier geht es ausschließlich ums Geschäft mit Touristen. Übertrieben chinesisch dekorierte Verkaufsstände für Dampfbrötchen mit Fleischfüllung und Andenkenkaufhäuser mit viel Rot und Gold an der Fassade reihen sich aneinander.

Ein anderer Ausflug führte mich zu der kleinen »Buchtinsel«, Enoshima, wo sich Steintreppchen einen Hügel hinauf vorbei an Buden für Räucherstäbchen zu einem kleinen Schrein winden. Wer bei einem Fest im Sommer dort dreimal links, dreimal rechts herum durch einen großen Kranz aus Seilen geht, sichert sich Glück in der Familienplanung. Auf der Insel steht auch ein Leuchtturm mit Aussichtsplattform zum Fotografieren. Nur wenige Schritte weiter findet sich wie immer ein Komplex mit Geschäften und Restaurants und, klar, einem Videospielcenter. »Geschäfte und Restaurants«, das ist das häufigste Schild in der ganzen Stadt.

Hinter dem Ausbau Tokios als Spielplatz steht ein unbewusster Wille, das wurde mir auf meinen Fahrten durch die Stadt klar. Die Japaner wollen gar keine richtige Stadt, sie wollen einen Vergnügungspark. Viele kleine Entscheidungen von Bauherren und Stadträten fließen zusammen, um ein Gesamtkunstwerk zu schaffen – wie bei der Entstehung eines Ameisenhaufens. Asiaten verstehen Städte anders als Europäer. Tokio erfindet sich laufend neu. Dazu tragen sicher auch die häufigen Erdbeben bei. Altehrwürdige mittelalterliche Städte wie Regensburg gibt es schon deshalb nicht, weil regelmäßig alles in Schutt versinkt. Doch die Japaner warten nicht auf ihre Naturkatastrophen, um den Stadtumbau voranzutreiben. Wenn ein Haus zehn Jahre steht, kommen oft schon die Kräne für den Abriss. Gerade hat im Geschäftsviertel zwischen Hauptbahnhof und Kaiserpalast ein tolles neues Gebäude eröffnet, das vom Architekturstil her auf alte, rostige Bronzetöne macht und die Geschäfte und Restaurants in Pavillons wie zur Weltausstellung 1900 in Paris unterbringt. Was in Europa eine langfristige Attraktion wäre, muss hier in wenigen Jahren der nächsten Idee weichen – das ist in Japan von Anfang an klar.

Die reale Welt geht in Tokio oft unmerklich in Scheinwelten über – ohne dass die Japaner einen nennenswerten Unterschied zwischen dem einen und dem anderen bemerken. Im Shoppingcenter »Sunshine City« in Ikebukuro gingen wir Teigtäschchen im chinesischen Stil essen, also so etwas wie Wan Tan in hundert Variationen. Die Gassen mit den Garküchen liegen jedoch tief in dem Gebäude verborgen in der fensterlosen Vergnügungswelt »Namja Town«. Sie imitiert die Atmosphäre asiatischer Städte wie Hong Kong und Tokio in den Dreißiger- oder vielleicht Fünfzigerjahren. Vor den Läden hängen rote Laternen. Hinter Vorhängen werkeln geschäftige Jungs im Yukata mit einem Tuch um die Stirn.

Das Geheimnis von Tokio liegt in der Ballung. Selbst an der Oranienburger Straße in Berlin, in der Kölner Altstadt oder auf dem Kiez in Hamburg drängen sich nicht so viele Menschen wie in Roppongi oder Shimo-Kitazawa. Ganz zu schweigen vom überfüllten Teenagerfavoriten Shibuya mit seinen meterhohen Leuchtreklamen und versteckten Technoclubs. Oder den edleren Diskotheken von Aoyama, in die der Mittdreißiger geht, nachdem er seine Freundin zu einem Dinner im benachbarten Luxusviertel Omotesando eingeladen hat.

Die Energie des ganzen Landes mit 125 Millionen Einwohnern konzentriert sich auf die Tokioter Innenstadt mit einem Durchmesser von dreißig Kilometern. Selbst innerhalb des Molochs sammelt sich alles noch an bestimmten Orten. Die S-Bahnen sind morgens bis exakt halb zehn vollgepackt wie eine Box mit Sushi, wie der Japaner sagt. In den Stunden darauf findet sich in den meisten Linien bequem ein Sitzplatz, bis abends der Rückreiseverkehr der Büroangestellten wieder anfängt. Nach Dienstschluss sind erst die Izakayas in der Nähe der Bürotürme überfüllt, danach die Bars in den schmutzigeren Vierteln. Am Wochenende strömen alle in die gleichen Einkaufsparadiese – in die jeweils neuesten.

Ich kapierte erst langsam, wie weit sich der Großraum Tokio wirklich erstreckt. Die Innenstadt mit den Zentren entlang der Ringbahn konnte ich noch einigermaßen überschauen, auch wenn jede dieser Gegenden größer ausfiel als eine mittelgroße deutsche Stadt. Diese verschiedenen Stadtzentren erreichte ich noch bequem mit dem Fahrrad. Von mir aus nach Shinjuku brauchte ich zwanzig Minuten, von dort zum Tokioter Hauptbahnhof etwa eine gute halbe Stunde. Doch um den S-Bahn-Ring herum erstreckt sich die Betonzivilisation in alle Richtungen weiter. Die Stadt Kawasaki, wo Kenji wohnte, ist mit dem Expresszug zwanzig Minuten entfernt, aber dazwischen reißen die Häuser nicht ab.

Weil asiatische Großstädte sich ständig umbauen, ist es schwer, auf dem Laufenden zu bleiben. »Wollen wir alle zusammen in Roppongi shoppen gehen?«, fragte Sachiko.

»Ja, lass uns zum Mori-Tower fahren«, sagte ich. Diese Vergnügungswelt mit Shops, Restaurants und Museen hatte vier Jahre zuvor eröffnet. Der Bau hatte etwa drei Milliarden Euro gekostet und war sofort zur Attraktion Nummer eins dieses Viertels aufgestiegen.

Sachiko und Akiko guckten mich jedoch wider Erwarten entgeistert an. »Den Mori-Tower in Roppongi Hills? Das ist doch sooo was von out. Wir gehen natürlich ins Tokyo Midtown, das ist derzeit die angesagte Location.«

Der Midtown-Wolkenkratzer war mit 248 Metern noch einige Handbreit höher als der Mori-Tower, zudem waren die Shops, Restaurants und Museen einen *Tick* schöner und teurer. Klar, *da* mussten wir hin.

Bei mir in der Gegend lag auch ein echter Vergnügungspark, eine Scheinwelt mitten in der Scheinwelt: die Tokyo Dome City. Schwänzende Oberschüler gehen dort gern hin. Wenn ich da im Café saß, waren oft mehrere Tische um mich herum mit jungen Leuten besetzt, die eigentlich im Unterricht sein sollten – schließlich geht die Schule mindestens bis drei Uhr –, einige mit, andere ohne Uniform. Sie belegten oft zu siebt einen Tisch für vier Personen und gingen dann Achterbahn fahren. Dabei ließen sie ihre Sachen einfach so liegen: Handys und Portemonnaies auf dem Tisch, Taschen und Jacken auf den Stühlen. Mitten in Tokio. Hinterher war jedes Mal noch alles da. Meine Erscheinung störte da anscheinend auch nicht, obwohl ich Ausländer war.

Allerdings hatte eine Oberschülerin mich mal erwischt, wie ich den Inhalt ihrer Handtasche anstarrte. Das gesamte Innenleben der Tasche war mit niedlichen Figürchen verziert. Am rosafarbenen Handy baumelte ein Kätzchen von Hello Kitty. Sogar das Notizbuch war von roten Muscheln bewachsen. Die Tasche stand wirklich direkt neben meiner Hüfte. Anfangs schielte ich nur rüber, dann wuchs meine Neugier. Von der Schülergruppe war nichts zu sehen. Also guckte ich neugierig genauer hin, denn ein Kugelschreiber schillerte auffällig in Malvenfarbe und Hellrot. Da tauchte einer der Jungs aus der Gruppe von hinten auf, offenbar hatte er mich durch die Scheibe gesehen. Er tuschelte mit den anderen, während sie sich wieder setzten. Die Besitzerin der Tasche warf mir einen Blick zu, der sagte: »Hentai! – Perverser!«

Im Vergleich zu Deutschlands Städten ist in Tokio wirklich immer etwas los. Wenn eine Ecke gerade angesagt ist, sammeln sich dort einfach alle. In ihren engen Wohnungen haben es viele Japaner nicht sonderlich schön. Bis auf eine Minderheit, die ihr Zimmer überhaupt niemals verlässt, streben sie dahin, wo alle anderen Japaner gerade auch sind. Die jüngeren von ihnen machen am Wochenende aus den angesagten Plätzen einen Laufsteg der niedlichsten Röcke und der auffälligsten Hosen. Deutschland durchweht im Vergleich dazu eine gediegene Ruhe.

In die Tokyo Dome City stolperte ich zum ersten Mal am Tag nach meiner Ankunft. Schon auf dem Weg kam mir eine Gruppe von sieben Zwergen mit einer Prinzessin entgegen. Die Verkleidungen hatten sie offenbar in tagelangem Aufwand gebastelt: die Zwerge in unterschiedlichen Erdfarben, die Prinzessin mit prächtigem Kleid und hoher Krone. In der hoch gewachsenen Prinzessin steckte offenbar ein schlacksiger Junge Anfang zwanzig. Im Durchgang zur Tokyo Dome City blockierten drei Hobbits, ein Zauberer und ein Krieger den Weg. Auf der Treppe dahinter richtete gerade der Wolf die Kostüme von drei Schweinchen. Einige Meter weiter erspähte ich eine größere Gruppe Außerirdischer und mehrere Mädchen in etwas, das aussah wie eine deutsche Handwerkerkluft. Das ganze Gelände wimmelte von verkleideten Menschen.

Ich kam am Informationsschalter vorbei und fragte, was los sei.

»Heute ist der Verkleidungsspiel-Ausscheidungswettbewerb auf der Freibühne. Sie können einfach hingehen und zusehen. Gerade läuft das Karaoke-Wettsingen der Finalisten.«

Auf der Hauptbühne sangen vier Plüschbälle in grellem Pink unisono ein Lied von einer J-Pop-Gruppe.

»Worauf kommt es hier an, um zu gewinnen?«, fragte ich die halbwüchsigen Orks neben mir.

»In den Vorrunden entscheidet die Jury nur über die Verkleidung. Jetzt im Finale muss man auch was können. Derzeit ist Karaoke angesagt.«

Die Jury gab das Zwischenergebnis bekannt: Die Pelzbälle kamen weiter, dafür schied eine Dreiergruppe aus: »Bohnenmus-Brötchen-Mann und seine Freunde, Konfitüren-Toast-Girl und Creme-Croissant-Junge«. Dafür schieden die Pelzbälle in der nächsten Runde beim Tanzwettbewerb aus. Sie konnten sich in den Kostümen kaum bewegen.

In der Tokyo Dome City drängen sich auch die Attraktionen dicht an dicht. Neben einem echten historischen Landschaftsgarten und dem größten überdachten Baseballstadion der Stadt schwingt sich eine Achterbahn um einen Platz mit Bäumen, Brunnen, einer Wildwasserbahn und Karussells. Diese Achterbahn schießt durch die Mitte eines Riesenrads. Ein Gruselhaus, Fastfood, ein Fallturm, alles da. Angeschlossen sind auch ein Kegel- und Sportcenter und eine riesige Filiale der staatlichen Pferdewettgesellschaft. Tausende von Männern fiebern in einer großen Halle rauchend vor Großbildschirmen mit, wenn die Rennen laufen. Wenn alles vorbei ist, stürmen sie zu einer Hunderte von Metern langen Reihe von Automaten, die ihnen die Gewinne auszahlen.

Im angeschlossenen Shoppingcenter »Spa LaQua« sind vier Stockwerke mit Geschäften und Restaurants untergebracht. Der Buchladen bietet auch sprechende Plastikbananen an, die einen zur gesunden Ernährung erziehen wollen. Ganz oben liegt das Fitnessstudio, in dem ich mich als Mitglied einschrieb. Es fühlte sich komisch an, in so einer Scheinwelt eine reale Dienstleistung in Anspruch zu nehmen. Jedes Mal wunderte ich mich, wenn das Essen hier wirklich nährte. Ich wäre nicht erstaunt gewesen, wenn sich alles hier Gekaufte beim Verlassen des Geländes in Luft aufgelöst hätte. Dabei waren das »Mangia«, ein Italiener, und der »Rote Tiger«, ein Laden für chinesische Teigtäschchen, richtig gut.

Das Baseballstadion, der eigentliche Tokyo Dome mit 55 000 Sitzen, ist in Japan so bekannt, dass die Medien ihn jedes Mal nennen, um große Wassermengen anschaulich zu machen. »In der Talsperre befinden sich auch nach dem Dammbruch noch 30 Millionen Kubikmeter Wasser. Das ist zwanzigmal der Inhalt des Tokyo Dome«, sagte Moderator Ogura-san im Frühstücksfernsehen. Ich war dann jedes Mal etwas stolz, schließlich lag der Dome in meiner Gegend.

Von meinem Fitnessstudio aus schaute ich über die Dächer von Tokio. Vor mir lag zunächst die Kunstlandschaft der Tokyo Dome City mit ihren Alleebäumen, Springbrunnen, Karussells und dem weißen Ei des Baseballstadions. Wenn die Achterbahn rechts den Berg auf das Shoppingcenter hinaufgekrochen ist, donnert sie über das Dach hinweg und schießt links wieder hinunter. Alle fünf Minuten einmal. Beim ersten Mal dachte ich noch, es bebe die Erde. Ich wäre fast unter der Hantelbank in Deckung gegangen.

Zur Tokioter Vergnügungslandschaft gehört auch das Umland, das sich damit abgefunden hat, die Hauptstadt zu bespaßen. Wir fuhren öfter raus in die Badeorte – diesmal zwölf Leute in drei Autos. Ich saß vorne neben Kenji, der sich kürzlich einen Toyota Wish zugelegt hatte.

In dem Ort Isawa kannten wir ein Reisehaus mit heißen Quellen, das einen umwerfend schönen Badebereich hatte. Wir belegten drei Tatamizimmer. Abends aßen wir in dem Raum, nachts schliefen wir darin. Von einem kleinen Erker aus öffnete sich der Blick auf die Berglandschaft. Wie so viele Ryokan hatte der Kasten jedoch seine besten Zeiten schon hinter sich. Der Teppich war verblichen, den Tischlerarbeiten waren die Jahrzehnte anzusehen. Aber Ryokans altern vorteilhaft, weil auf den Zimmern Holz überwiegt und die Vulkanbäder aus Naturstein gebaut sind.

Die Lobby strahlte den Charme eines nordkoreanischen Luxushotels aus: tiefer Teppich, verblichene Fotografien in güldenen Rahmen, schwere Sessel mit Blumenmuster. Welch ein Unterschied zu den ausgefeilten Designs in Tokio, wo sich die Architekten mit Glas und Metall überbieten. Dagegen wirkte die altertümliche Deko fast schon entspannend.

Als wir uns im Zimmer versammelt hatten, klopfte unser persönliches Kimono-Mädchen an die Tür, öffnete die Papierschiebewand zum Eingangsbereich und servierte uns Tee. Sie erklärte uns, wie wir zu den heißen Bädern kamen und welches Geschlecht wann wo reindurfte. »Und selbstverständlich können Sie im gesamten Haus Yukata tragen, doch wir erhalten von Ihnen die Gunst, dass Sie zum Frühstück westliche Kleidung anziehen.«

Wir zogen alle Yukata an. »Nicht so!«, sagte Sachiko, als ich mir das Ding anziehen wollte wie einen Bademantel.

»Spielt doch keine Rolle, Hauptsache, Finn ist nicht nackt«, fand Kenji.

»Ich denke, man muss bloß die linke Seite über die rechte schlagen, dann ist alles richtig«, behauptete ich.

Sachiko zeigte mir, was noch alles zu beachten ist. Vor dem Schließen sollte ich beide Seiten des Kleidungsstücks so anheben, dass der Saum knapp über die Knöchel reichte. Dann hatte ich den linken Teil über den rechten zu legen, aber eng angepasst, und sollte die überschüssige Länge in einer Falte verschwinden lassen. Der Gürtel war eng zu schlingen und zu einer klaren Schleife zu binden. »Die Schleife darf nicht hoch stehen, das macht man nur bei Leichen, sondern längs«, sagte Sachiko. Ich blicke uns an: Miguel, Sachiko, Kenji. Den Japanern stand die traditionelle Tracht viel besser als westliche Kleidung wie Anzug oder Jeans. Wir Westler haben dagegen nicht ganz die richtigen Proportionen dafür.

Das Essen bauten die Kimono-Mädchen im Zimmer auf. Für jeden von uns gab es genau 17 verschiedene Schälchen und Tellerchen mit kleinen Kostbarkeiten. Auf dem Tisch simmerten zudem Töpfe über kleinen Brennern. Auf ihren Internetseiten stellen Ryokans meist viele Bilder ihres tollen Essens aus und nur wenige mit den immer gleichen Zimmern. Später würden andere Kimono-Frauen die Futons für uns ausrollen. Aber vorher gingen wir baden.

Das Hotel bot vier Badelandschaften an, die je nach Uhrzeit für Frauen oder für Männer offen standen. Der größere Baderaum war ringsum mit verschiedenen Steinen in allen Schattierungen von Braun und Grau ausgekleidet. Die Tafel am Eingang pries an, dass die besonderen Steine aus allen Landesteilen mit dem Vulkanwasser reagierten, um besondere Heilkraft zu entfalten.

Jede Beschreibung Japans, jeder Reiseführer und jede Hausordnung am Eingang eines Münzbads bestätigt es: Das Wichtigste ist, sich gründlich zu waschen, bevor es ins Wasser geht. Ich saß meistens zehn Minuten und länger vor dem Wasserhahn auf einem Höckerchen und wusch und schrubbte mich. Viermal seifte ich mich mit dem kleinen Handtuch vom Haaransatz bis zwischen die Zehen gut sichtbar ein. Jedes Mal blieb ich dann mit dem Schaum am Körper möglichst lange sitzen, um mich allen eingeseift zu zeigen. In der Zwischenzeit beschäftigte ich mich damit, das Minihandtuch in der kleinen Schüssel auszuwaschen.

Ich hatte immer das Gefühl, die Waschzeremonie so lang hinzuziehen wie menschenmöglich, doch jedes Mal gab es einen älteren Herren, der schon an der Waschstelle saß, als ich kam, und noch dasaß, wenn ich aufgab und Richtung Quellwasser zog. Diesmal hockte da einer, der unter den Zehennägeln nach Schmutz suchte und sich dann die Zähne putzte, und das alles sehr gemächlich.

Kenji dagegen marschierte am nächsten Nachmittag in den Badebereich, ignorierte die Waschwasserhähne, spülte seinen Körper nur mit zwei Kellen Wasser ab und stieg ins Gemeinschaftsbecken. Ich war entsetzt, zog mich auf einen Waschhocker zurück und machte die Seifenzeremonie noch gründlicher und auffälliger als sonst. Es sollte nicht der leiseste Verdacht auf mich fallen. Eine Viertelstunde später glitt ich neben Kenji ins Wasser und legte mir mein gut ausgewaschenes Minihandtuch auf den Kopf. »Du hast dich gar nicht abgewaschen!«, warf ich ihm vor.

»Wieso, wir waren erst vor ein paar Stunden am Berg in den heißen Quellen. Da reicht es doch, wenn ich ein paar Kleiderfussel vom Körper wasche.«

Ich war etwas beleidigt. Als ob ich jedes Mal dreckig gewesen wäre, wenn ich mich vor dem Baden noch viermal gewaschen hatte.

Aber wenn ein Ausländer da reinmarschieren und einfach ins Wasser gehen würde, da würden alle denken: Der kennt sich nicht aus, wie ekelhaft, heiße Bäder sollten für Fremde verboten werden. Gerade die älteren Herren lauerten doch nur auf so was. Bildete ich mir zumindest ein.

»Das mit dem Handtuch auf dem Kopf ist putzig, das machen sonst doch nur Opas«, sagte Kenji.

»Hier ist keine Stelle zum Ablegen des Handtuchs. Außerdem ist es völlig korrekt, es sich auf den Kopf zu legen«, verteidigte ich mich.

»Trotzdem putzig.«

Ich entzifferte das Holzschild über dem Becken: »Dieses Wasser hilft gegen Hüftschmerzen, Schulterverspannung, orthopädische Unregelmäßigkeiten, Verdauungsprobleme, Hautunreinheit, Allergien, Stoffwechselstörungen, Kreislaufbeschwerden, Veränderungen der Säfte und Nervosität.«

»Wusstest du, dass ein deutscher Arzt diese Art von Werbung für das heiße Wasser in Japan eingeführt hat?«, fragte ich Kenji.

»Nö. Echt? Ich dachte, das hätte es schon immer gegeben.«

»Erwin Bälz kam nach Kusatsu und dachte gleich an Karlsbad. Nach diesem Vorbild erfand er all die angeblich heilsamen Wirkungen des japanischen Vulkanwassers.«

Akiko war hier nicht dabei, denn sie war mit Sachiko und den anderen Frauen hinter dem roten Vorhang für die Frauen verschwunden. Seit der Modernisierung Japans im 19. Jahrhundert – etwa seit der Zeit von Erwin Bälz – badeten Frauen und Männer getrennt.

»Wir Japaner gehen mit Nacktheit viel lockerer um als Ihr Westler«, behauptete Kenji.

»Spinnst du? In Deutschland gehen Männer und Frauen zusammen in die Sauna. Und am Ostseestrand liegen die Leute kilometerweit komplett unbekleidet«, sagte ich.

»Was? Ich dachte, Christus hätte Nacktheit verboten?«

Die Tokioter lieben auch Themenrestaurants mit viel Show. Dekorierte Läden mit verkleideten Kellnern kommen ihrem Sinn für Rollenspiel und Verkleidung entgegen. Kaum eine Gruppe von deutschen Großstädtern Mitte dreißig würde doch ernsthaft in ein Restaurant mit Gefängnisatmosphäre gehen. In Tokio schlug Akiko genau das vor. Der Laden lag in Ikebukuro und hieß »Lock up«.

Wir waren erst mal eingeschüchtert. Draußen war noch lautes, helles Tokio gewesen, drinnen waberte Dampf durchs Dunkel. Schwarze Kerkerwände umschlossen eng den Gast, sobald er aus dem Aufzug trat. Nachdem die Türen sich geschlossen hatten, fühlte der Ort sich an wie tief unter der Erde. »Das ist echt unheimlich«, sagte Kenji. Aus der Deko drangen Schreie. »Bitte warten Sie auf Ihren Wärter«, sagte ein Junge im Studentenalter mit Clipboard am Eingang. Er trug längs gestreifte Sträflingskleidung. Die Wände waren als Steinwände wie im Chateau d'If des Grafen von Monte Christo aufgemacht. »Wir haben reserviert«, sagte ich. »Ja, Sie sind Häftling Mayer, ich weiß«, entgegnet der Junge geheimnisvoll.

Wir warteten, während hinter den Wänden weitere Schmerzensschreie erklangen. Dann schob der Gefangene (oder Wärter?) uns durch eine eisenbeschlagene Tür. Wir fünf gingen im

Gänsemarsch rein und fanden uns in einem Irrgarten wieder. Die Tür hatte innen keine Klinke.

»Die wissen nicht, ob sie jetzt Spukhaus, Gefängnis oder Monsterschau machen wollen«, sagte Miguel. »Ich bin hungrig, wann gibt es denn etwas zu essen?« Aber zunächst mussten wir wohl oder übel den Weg finden. Wir öffneten allerlei Türen, fanden dahinter aber nur eine zuckende Gestalt auf dem elektrischen Stuhl oder blubbernde Kolben mit ungeborenen Aliens. Schließlich stolperten wir durch eine Tür, hinter der eine Frau in smarter blauer Uniform wartete. »Häftling Mayer?« Sie kettete mein linkes Handgelenk mit Handschellen an ihr rechtes. »Ich liefere Sie jetzt in Ihre Zelle ein.«

Der eigentliche Häftlingsblock erstreckte sich über das komplette Stockwerk. Es ging um fünf Ecken, überall waren niedrige Zellen eingebaut. Jede war mit einer schweren Gittertür abgesperrt, dahinter lachten die Gäste. Noch einige Schritte durch einen engen Gang, dann schob das Mädchen ein Gitter beiseite, klangklangklang. »Hier ist Ihre Zelle, einrücken, aber marsch, bitte sehr.« Sie beugte sich vor und wies mit der Hand hinein. Machte sie das absichtlich so, dass ihr superkurzer Latexrock noch höher rutschte?

Wir zogen die Schuhe aus und gingen in unsere Zelle, in der wir am niedrigen Tisch auf dem Teppich saßen – ganz japanisch. Bei den Uniformierten konnten wir nicht bestellen, die waren nur zum Einweisen da. Dafür kamen wenig später horizontal gestreifte Kellner zu uns.

Ich hatte schon bei der Reservierung das Menü ausgewählt und vorsichtshalber das preiswerteste Programm genommen. Alle tranken Bier, das als all-you-can-drink nichts weiter kostete. Die Wärter brachten erst Sashimi vom Lachs und einen grünen Salat mit Kartoffelchips darüber. Dann kam ein Hühnersalat mit Sojasoßengeschmack. Um den Magen zu füllen, stellten die Aufseher einen Topf mit Kimchi, Tofu und Schweinefleisch auf einen Gaskocher. Dazu brachten sie noch dicke Weizennudeln, Udon, um sie in dem Eintopf fertigzugaren. Als Dessert gab es Mandeltofu mit Mango.

Zwischendurch ging ein Heidenlärm los. Es wurde dunkel, rote Lichter blinkten. Eine verzerrte Stimme gab unablässig über Lautsprecher durch: »Achtung, Gefahr! Achtung, Gefahr! Aus unserer genetischen Versuchsabteilung ist ein Monster ausgebrochen und in den Zellentrakt geflüchtet.« Erste spitze Schreie erklangen aus den Zellen. Eine Gruppe von Darstellern, zwei Männer und zwei Frauen im Overall, rissen unser Gitter auf und stürmte auf der Suche nach dem Monster durch unsere Zelle, ließ sich aber Zeit für ein Foto mit uns. Kurz nachdem die Monsterjäger weg waren, kam auch das Monster in unsere Zelle, leicht erkennbar als geschminkter und verkleideter Student. Er grunzte, bedrohte uns, ließ sich mit jedem von uns fotografieren und musste dann weiter in die nächste Zelle. Nachdem die Einlage vorbei war, ging das Licht wieder an, und die Stimme verkündete Entwarnung, das Monster sei gefangen. Aus der Nachbarzelle kicherten und lachten noch die Mädchen. »Na ja«, sagte Sachiko, »so was habe ich aber schon gruseliger gesehen.«

In Tokio herrscht eben harte Konkurrenz der Restaurantkerker.

Und hier locken, klar, noch zahllose andere Vergnügungen. Wir gingen auch manchmal zum Sumo, was mehr einem Picknick ähnelt als einem Besuch im Stadion.

Sachiko liebte Sumo. Sie war Fan eines mongolischen Champions. Zu Hause schon brütete sie über den winzigen Schriftzeichen des Turnierplans. Um fünf Uhr morgens stellte sie sich an, um gute Karten für die große Halle zu bekommen. Manchmal rief sie mich an und fragte, ob ich Zeit habe mitzukommen. Ganz genau weiß ich nicht, wer da wem einen Gefallen tat. Sie wollte schließlich nicht alleine hingehen, und wie Baseball hat Sumo ziemliche Längen. Wir verbrachten denn auch jedes Mal praktisch den kompletten Sonntag auf Tatamimatten in der »Nationalen Kunstfertigkeitshalle«, dem Tokioter Stadion nur für Sumo. Sachiko als echter Fan mietete hier einige Quadratmeter Fläche. Wir mussten die Beine zusammenfalten, um draufzupassen.

Ich behauptete, Fan von Weißer Riesenvogel zu sein, was eine billige Wahl war, denn dieser Ringer hatte gerade eine Erfolgssträhne. Das klang in etwa so, als käme einer nach Deutschland und wähle sich Bayern München als Fußballverein. Weißer Riesenvogel war ein ausländischer Kämpfer, ein Mongole. Dass die Sumo-Organisation überhaupt Ausländer zuließ, war zehn Jahre zuvor – als ich in Fukui war – noch neu und unerhört. Die Erfolge der nichtjapanischen Ringer bleiben ein ständiges Gesprächsthema, vor allem wenn sich im Endspiel zwei ausländische Kraftmenschen gegenüberstehen. Aus Sicht konservativer Japaner ist das ein neuer Höhepunkt der Dreistigkeit von Ausländern: Erst besiegen sie uns im Krieg, dann bringen sie ihre Hamburger und Fritten und jetzt nehmen sie uns auch noch unser Sumo weg.

Zwischen zehn und zwölf trudelten Yusuke und Akiko ein. Sachiko saß schon seit acht Uhr einsam auf den Tatami und fieberte bei den Vorkämpfen mit. »Wer da nicht auf die jungen Talente achtet, kennt sich später mit den Kämpfern nicht aus.«

Ein beflissener Knabe im Yukata brachte gegen Mittag die Essenspackungen und Bier. Auf den Esskästchen waren Sumo-Kämpfer abgebildet, drinnen fanden sich Leckereien aus der Heimatregion des Kraftmenschen. Yusuke bekam eine Packung mit Krebsfleisch aus Hokkaido, weil seine Packung einem Kämpfer aus dieser Region gewidmet war. Ich nahm den Bulgaren Kotoôshu, »Wölbbrettzither Europas«. Außer Schweinefleisch in Bratensoße, Fleischbällchen und Joghurt fand ich Maultäschchen, die bulgarisch sein sollten. In Akikos Box lagen kleine Frühlingsrollen. Ihr Favorit kam aus der Mongolei.

Sachiko erklärte uns noch einmal die Grundregeln des Sports. »Die Kämpfer versuchen, einander auf den Boden zu schmeißen oder aus dem Sandkreis zu schieben.« Verloren hat, wer mit einem anderen Körperteil als den Fußsohlen den Boden berührt. Der Ringrichter in seinem farbigen Kimono macht Zeichen mit einer Art Fächer zu Start und Ende des Kampfes.

Wir hockten also eng zusammen auf unseren drei Quadratmetern und brachten irgendwie unsere Beine unter unseren Körpern unter. Selbst Japaner müssen sich zwischendurch mal ausstrecken oder umorganisieren, wenn sie stundenlang auf dem Boden sitzen sollen. Manchmal kam es mir vor wie bei Loriot: Entschuldigung, dürfte ich mal… mit meinem Fuß? Danke. Oh, ist das *dein* Bein?

Ich trug die falschen Schuhe: welche mit Schnürsenkeln. Ein Fehler, und dazu noch komplett unjapanisch. Die Einheimischen treten ihre Sneaker und sogar richtige Lederschuhe hinten runter und schnüren sie vorne nur ganz lose. Sie basteln sich damit Pantoffeln mit Adidas-Streifen oder Bally-Logo.

Bevor ich also im Gang zwischen den Tatamiflächen auch nur einen Senkel losgefummelt hatte, waren sämtliche anwesenden Japaner bereits auf ihre Plätze geglitten und lächelten milde dem Ausländer zu, der irgendwie auf einem Bein tanzend seinen ersten Schuh unter den Sitzbereich schieben wollte, da aber schon alles vollgestopft vorfand, so dass am Schluss nur der Schuh des Ausländers (also meiner) halb vorstand. Jedes Mal, wenn die Kellner des Teehauses in ihren Yukata mit Bier oder Esskästchen vorbeieilten, wichen sie meiner Schuhspitze nur knapp stolpernd aus und verbeugten sich vorwurfsvoll.

Sachiko erzählte vom Alltag der Kraftmenschen, japanisch »Rikishi«, in den Sumo-Häusern. Sie trainieren nur morgens. Die Nachwuchsringer bereiten mittags für alle einen Eintopf mit viel fettem Fleisch vor. Oft trinken die Rikishi dazu noch einige Flaschen Bier, um schneller dick zu werden. Alle machen einen langen Mittagsschlaf, der ebenfalls helfen soll, Gewicht aufzubauen. Neulich musste ein Trainer für sieben Jahre ins Gefängnis. Der Verurteilte beteuerte bis zum Schluss, sich nur an Traditionen gehalten zu haben. Einer seiner Schützlinge war gestorben, weil er ihm eins mit einer Bierflasche über den Kopf gezogen hatte.

Sumo ist ein Sport, der sich am besten in Zeitlupe genießen lässt. Denn jeder Kampf entscheidet sich in den Zehntelsekunden, in denen ein Kraftmensch den anderen aus dem Ring schiebt oder überwältigt. Davor und danach stehen die Kolosse sich Ewigkeiten gegenüber, werfen rituell mit Salz oder klatschen sich auf die Schenkel.

Erst erstaunten mich die vielen kleinen Bildschirme in den Händen der Besucher. »Spielen die Leute Games auf ihren Handys?«, fragte ich Sachiko. Sie wusste es auch nicht, also schlich ich mich beim nächsten Ausflug zum Getränkeautomaten von hinten an ein junges Paar an. Tatsächlich hielten sie sich ihre Handys vor das Gesicht, doch als ich das Programm auf dem Display erkennen konnte, machte ich Laute des Erstaunens. Darauf lief die Liveübertragung des Turniers hier aus der Halle. Diese Zuschauer empfingen das digitale Fernsehsignal. Über ihren Ohrstöpsel konnten sie den Profikommentar hören und die Würfe in Zeitlupe sehen. Die Fernsehübertragung lief leicht zeitversetzt. Bildete ich es mir ein, oder jubelte ein Teil der Zuschauer eine halbe Sekunde später als der Rest?

Es ist kaum zu glauben, aber selbst aus ihren Erdbeben machen die Japaner ein Erlebnis. Ich versuchte, meine Überlebenschancen zu verbessern, und meldete mich für einen Erdbebenkurs der Feuerwehr an. Es wurde eine Spaßveranstaltung.

Erst zeigten die Feuerwehrleute in einem Kino einen dramatischen 3-D-Film. Das große Beben von Tokio in Farbe und stereo – wie die Leute bei der Arbeit, im Aufzug, in der Vorstadt, in der Schule von den Stößen überrascht werden. Als Dachziegel von oben auf die fliehende Oma zuflogen und direkt vor ihren Füßen zersprangen, duckte sich die junge Angestellte neben mir erschreckt in ihren Sitz. (Ich mich auch.) Außer mir war eine Gruppe von Berufsanfängern dort, die ihre Firma hergeschickt hatte. Ein Stockwerk höher führten uns die Feuerwehrleute in einen komplett wasserfest ausgekleideten Raum. Auf einem Bildschirm von der Größe einer Kinoleinwand flackerten Brände auf. Bei der Übung zum Feuerlöschen musste ich mich kräftig gegen die Spritze stemmen, aus der ich mit echtem Wasser das virtuelle Feuer löschte. Ich übte im Team mit einem der Anzugjungs, der auf meine Zurufe das Ventil bediente. Nächste Übung: Flucht aus dem brennenden Gebäude. Die Feuerwehr hatte einen Irrgarten von Zimmern gebaut, den sie mit Diskorauch vollpumpen konnte.

Dann der Höhepunkt auf den alle gewartet hatten: der Erdbebensimulator. Auf einer beweglichen Platte stand eine nachgebaute Küche. Zu viert saßen wir Teilnehmer am Tisch, als die Erschütterungen losgingen. Durch das nachgemachte Fenster wurden Angstschreie und das Geräusch von berstendem Glas eingespielt. Jetzt mussten wir abspulen, was wir vorher geübt hatten: Gas aus, Tür auf und sichern, Kissen auf den Kopf, unter dem Tisch in Deckung gehen, bis die Schwankungen vorbei waren. Wir wildfremden vier Leute rückten unter dem Tisch eng zusammen, als die Maschine dann in den höheren Gang schaltete und die Küche so richtig kräftig durchrüttelte. Und das war nur ein Beben der Stärke sechs. Auch acht oder neun sind in Tokio möglich.

Die Ratschläge meiner örtlichen Sauna für den Fall von Erdbeben zeugten von der Kaltblütigkeit der Japaner im Umgang mit Naturkatastrophen: »Versuchen Sie nicht, Ihre Kleidung mitzunehmen, und verlassen Sie umgehend das

Gebäude. Trocknen Sie sich nicht ab. Wenn Sie nass sind, umso besser – das schützt vor Verbrennungen.«

Ähnlich fielen die Tipps eines Bordellbesitzers für seine Kunden im Fall eines Bebens aus, wie das Hochglanzmagazin »Spa« einst berichtete. »Machen Sie, dass Sie aus dem Gebäude fliehen. Kleidung ist nicht so wichtig, aber nehmen Sie wegen der Glasscherben die Schuhe mit.« Ich stellte mir die Straßen im Vergnügungsviertel Kabukicho nach einem Beben um ein Uhr nachts vor: lauter nackte Firmenangestellte in Schuhen.

Der Zuhälter hatte noch einen anderen wichtigen Hinweis parat: »Unsere Girls helfen sich selbst. Versuchen Sie keinesfalls, den Helden zu spielen und das Mädchen zu retten!«

Tokio extrem

oder
Büstenhalter unterm Businesshemd

Die Nipponesen neigen zu Extremen. Wenn sie sich einmal auf eine Vorliebe festgelegt haben, gibt es kein Zurück. Deshalb pflegen sie ihre skurrilen Hobbies oder sexuellen Fetische so konsequent. Andererseits sind sie in der Wahl ihrer Rolle flexibler. Der brave Büroangestellte kann nach Feierabend eine erschreckende Nachtseite haben. Und keiner denkt sich was dabei. Wo der Deutsche anfangs immer schwer an Bedenken trägt, legen die Japaner einfach los – vor allem bei der Einführung neuer Technik. Die älteren Damen und Herren freuen sich bereits auf ihren Pflegeroboter.

Viele extreme Japaner lernte ich über Yamahira-san kennen, der mir am Tisch auch die Eingeweide weggezogen hatte. Er arbeitete als Reporter für ein gemischtes Magazin und recherchierte von ernsthaften Politikgeschichten bis zu Busenwunder-Knallern über alles und jeden. Yamahira-san versammelte immer vier oder fünf Kollegen und Informanten um sich und blieb über den Zweittreff, den Dritttreff und den Vierttreff hinaus bis früh morgens auf der Piste. Dafür tauchte er oft erst gegen 16 Uhr in der Redaktion auf, wie mir eine Kollegin verraten hatte.

»Jetzt gehen wir mal in eine besondere Bar, einen meiner

Lieblingsplätze. Aber macht euch auf alles gefasst«, sagte er nach einem Vierttreff und zwinkerte dazu sogar noch.

Das »Dazzling« lag in einer Seitenstraße hinter dem S-Bahnhof Gotanda, im südlichen Teil Tokios. Vor dem S-Bahnhof blinkten die Reklamen der üblichen Schnellimbissketten. Der halbdurchsichtige Glasquader des Hauptquartiers von Sony lag nur wenige Minuten entfernt.

Im dritten Stock trat ich als Erster aus dem engen Aufzug in den Vorraum des Dazzling. Links und rechts fand sich eine europäisierende Dekoration aus gedrechseltem Holz und Heiligenbildern. Um die Ecke im Laden selbst gruppierten sich Tische auf drei Ebenen vor einer Bühne, etwas zu hell ausgeleuchtet für einen verruchten Nachtclub. An den besetzten Tischen saßen Büroangestellte, die sich von Transvestiten bedienen ließen. Die Anzugträger lachten hier endlich mal richtig gelöst und heiter. Der Meister des Etablissements – im Smoking mit Fliege – begrüßte Yamahira-san als Stammkunden und wies uns Yuka und Sayaka als Hostessen zu.

Die beiden jungen Männer wollten auch körperlich Frauen werden – so schnell wie möglich. »Ich stehe kurz vor meiner Operation!«, erzählte Yuka stolz. »Bald lasse ich mir endlich die Eier abschneiden!« Vorher hatten Yamahira-san und ich uns von den beiden Whiskey eingießen lassen. Sayaka und Yuka waren eigentlich Namen von Popsängerinnen, die sie für ihre Rolle in der Halbwelt angenommen hatten. Sayaka saß recht zierlich da und hätte unter Umständen tatsächlich als Frau durchgehen können. Yuka dagegen hatte die Natur mit einem breiten Kreuz ausgestattet. Aus ihrem schulterfreien tiefschwarzen Kleid mit silbernen Sternchen ragte ein kräftiger Oberkörper hervor. »Ich nehme jeden Tag Hormone«, sagte sie stolz.

Als Yamahira-san auf dem Klo war, nutzte ich meine Stellung als Ausländer und stellte dumme Fragen. »Yuka, sag mal, warum kommen diese Büroangestellten her?«

»Weil wir biologische Männer sind.«

»Hä?«

»Unsere Kunden haben alle eine Frau zu Hause.«

»Und?«

»Die können nicht einfach in eine Strip-Bar oder so gehen.«

»Nein, natürlich nicht«, behauptete ich und dachte an all die verheirateten Männer, die Shinjukus Strip-Bars bevölkern.

»Also gehen sie in eine Bar, wo nur Männer sind!«, vollendete Yuka ihre Erklärung.

»Damit sie zu Hause sagen könnnen ...«

»... dass sie nur mit Kumpels in einer Bar voller Männer waren, genau.«

Noch hatte ich den Laden nicht ganz eingeordnet.

»Dann sind deine Kunden ausschließlich ...«

»Ganz normale Hetero-Männer. Ein Schwuler würde niemals den Fuß über die Tür setzen. Die gehen gaaaaanz woanders hin. Aber da kommt Yamahira zurück. Yamahirashachô, wie haben sooo auf dich gewartet«, flötete Yuka, fasste ihn um die Hüfte und zog ihn wieder auf unsere Sofabank herunter.

Kurz darauf verschwand Yuka durch eine Seitentür neben der Bühne, und Sayaka fuhr alleine fort, uns Whiskey aus einer neutralen Glaskaraffe nachzuschenken.

»Wie alt bis du, Sayaka-chan?«, fragte Yamahira-san.

»Ich bin 18, aber ich darf schon hier arbeiten, wenn ich keinen Alkohol trinke«, erklärte der Junge im pinkfarbenen Rüschenrock mit langen Haaren, künstlichen Wimpern und einem tiefen, wenn auch völlig flachen Dekolleté. So sah Heterosexualität also in den grauen Bürostraßen Gotandas aus.

Dann ging auf der Bühne die Show los. Yuka und vier andere Mitarbeiterinnen tanzten etwas unsynchron zur Musik, zeigten viel Bein, wedelten mit Federboas und sangen japanische Chansons.

Als wir eine Stunde später und je 80 Euro ärmer (Yamahira-san bekam erheblichen Rabatt) wieder vor der Tür standen, fragte ich ihn: »Kommst du öfter hierher?«

»Ja, mit Leuten aus der Industrie, die auf so was stehen. Die lassen sich gerne zu ein bisschen Wasserhandel einladen.«

»Wasserhandel«, Mizushôbai, nennen die Japaner die Halbwelt der Hostessen-Bars und kleinen Cabarets. Die meisten davon sammeln sich im Rotlichtviertel von Shinjuku, dem »Sing-Tanz-Kunst-Viertel«, japanisch Kabukicho. Doch die Hostessen-Bars nisten auch überall sonst, wo viele zahlungskräftige Kunden oder Kundinnen vorbeikommen. In einigen der Etablissements unterhalten beispielsweise junge Männer einsame Frauen. In Kabukicho zeigen haushohe Werbetafeln die Gesichter dieser Hosts mit ihren Vornamen unter dem Logo ihrer Clubs mit Namen wie »Tokyo Feel« oder »Gently«. Dafür, dass sich das Angebot an erwachsene Frauen wendet, sehen die Jungs überraschend jugendlich aus, aber sanfte und niedliche Gesichter kommen anscheinend gut an.

Ausdrücklich an verheiratete Frauen richten sich Bars, in denen als Jungen verkleidete Frauen arbeiten – das Gegenstück zum Dazzling. Dazu gehört zum Beispiel der »O-Nabe-Kurabu« in Shinjuku-Ost. Ursprünglich männliche Transvestiten heißen Kama, »Ofen«, Frauen in Männerrollen heißen Nabe, »Topf«.

Andere Etablissements bieten als Attraktion westliche junge Frauen als Hostessen an. Da gehen dann Männer hin und zahlen mehrere hundert Euro dafür, dass ihnen eine Russin die Zigarette anzündet. Hostessen-Bars seien keine Orte der Prostitution, versicherte Yamahira-san. »Es ist wie mit einem Schild ›Massage-Salon‹. In den allermeisten Läden gibt es wirklich nur eine Massage. Wenn die Hostessen allerdings Filipinas sind, oder der Laden in bestimmten Straßen in Kabukicho liegt, dann bieten sie wahrscheinlich weiterreichende Dienstleistungen an.« In Gotanda suchen die Kunden jedoch nur Aufmerksamkeit und angenehme Gespräche in einer ganz anderen Welt als der Firma oder dem engen Zuhause.

Nicht dass es so was auf der Reeperbahn nicht auch geben könnte, aber in Japan sind solche Animierbars viel verbreiteter. In Tokio wohnen 20 Millionen Menschen, aber erschreckend viele von ihnen scheinen sich Zuwendung erkaufen zu müssen. Manche junge Büroangestellte hat schon ihr ganzes Gehalt in eine Host-Bar getragen. Denn in der Scheinwelt des Wasserhandels lassen sich die Kunden und Kundinnen leicht überreden, Champagner für alle zu spendieren bis in die Morgenstunden. In den Touristenvierteln passiert das auch ahnungslosen Kunden, die in eine der normalen Hostessen-Bars hineingestolpert sind, wo hübsche Frauen die Männer zum Trinken anregen. Beim Hinausgehen wundern sie sich dann über die Rechnung. Neulich berichtete Yamahira-san über einen Fall, bei dem ein mittlerer Angestellter 7000 Euro für vier Stunden in so einem Etablissement zahlen sollte. Die Mafia drohte: Wenn er nicht blechte, werde seine Frau die Fotos zu sehen kriegen.

Yamahira-san traf ich auch sonst bei Recherchen zum seltsamen Japan. Ein Verkaufsrenner waren zwischenzeitlich Büstenhalter für Männer. »Das sitzt total toll«, erklärte der Chef der Firma »Wishroom« den Journalisten bei einer Präsentation. Der Mittvierziger war mit nacktem Oberkörper aufgetreten und trug einen schwarzen, eher billig aussehenden Streifen um den Oberkörper. »Das Problem mit herkömmlichen Büstenhaltern ist, dass sie vorne viel zu voluminös geschnitten sind für die durchschnittliche Männerbrust.«

Ach!

»Wir haben das Problem gelöst, indem wir von einer weitgehend flachen Form ausgehen«, erläuterte der Firmenchef. »Es fühlt sich jetzt einfach toll an und fällt auch unter einem Businesshemd gar nicht auf.«

Ich stellte mir die braven Mitarbeiter von Banken und Handelshäusern vor, die unter schwarzem Jackett und weißem Hemd einen cremefarbenen BH trugen. Was passierte wohl, wenn mal ein Notfall eintrat – Herzanfall, Hitzewallung – und sie das Hemd öffnen mussten?

Men's Bras, japanisch »Menzubura«, standen im Januar 2009 in der Kategorie »Herrenunterwäsche« des Internethändlers Rakuten auf Platz eins der Verkaufsliste.

»Richten sich diese Produkte an Homosexuelle als Zielgruppe?«, fragte Herr Yamahira.

»Wir würden uns nicht wundern, wenn auch zahlreiche Homosexuelle zu unseren Kunden gehören«, erklärte der Firmenchef. »Aber wir sind uns ganz sicher, dass auch viele heterosexuelle Männer Spaß an den BHs haben.«

Die Einstiegsmodelle kosteten nur etwa 15 Euro. Der Kunststoff, aus dem sie bestanden, sah nicht wirklich tragefreundlich aus. Nur der Kollege von der Nachrichtenagentur Reuters folgte dem freundlichen Angebot von Wishroom, das Ding vor allen anderen anzuprobieren. »Willst du das wirklich machen?«, raunte sein Kameramann ihm noch zu. »Ein echter Reporter schreckt vor keinem Abenteuer zurück«, flüsterte dieser zurück. Er hielt sich sehr aufrecht, während er sein Hemd aufknöpfte. Ein Held der Massenmedien, der für die Zuschauer sicherlich auch in den Gaza-Streifen oder den Irak gehen würde.

Seine weiblichen Kollegen hätten kurz darauf zeigen können, dass sie ähnlich mutig sind. Ich sah eine Anzeige für den beheizten Büstenhalter, diesmal für Damen. Leider hatte ich die Präsentation verpasst. Das Kleidungsstück sollte aber auf jeden Fall dem Kampf gegen die globale Erwärmung dienen. Denn, so die Erklärung, wer warme Brüste hat, muss nicht so viel heizen.

In einer ganz anderen Szene tragen die Fetischisten die Uniformen verschiedener Berufsgruppen: die Trachten von Krankenschwestern, Stewardessen, Kellnerinnen, nichts ist vor ihnen sicher. Der Kurzbegriff dafür lautet Cosplay, für »Costume Play«. Im Rotlichtviertel Kabukicho sind viele der

Bordelle auf einen bestimmten Fetisch ausgerichtet. Anfang 2010 öffnete das »Himmelreich« und warb mit Fotos von Mädchen in Engelskostümen mit weiten Flügeln und viel, viel Puder – Slogan: »Unsere Himmelsbotinnen bringen Sie ins Paradies«. Die Klassiker sind aber sicher die Etablissements mit Medizinthema, etwa das »Diagnose-Pub« (»Unsere heißen Schwestern messen Ihr Fieber erst von vorne, dann von hinten!«) und die Mädchenschule (»Kopien der Uniformen von über hundert Bildungseinrichtungen aus dem ganzen Land vorrätig!«). In einem anderen Laden können sich Angestellte nach der Arbeit in einem nachgebauten U-Bahn-Wagen von Girls ohne Schlüpfer belästigen lassen.

Einige Fetischisten machen durch Beschaffungskriminalität auf sich aufmerksam. Meine Quellen für die Geschichten sind denkbar glaubwürdig: die Magazine von Herrn Yamahira und seinen Kollegen sowie Boulevardsendungen, die im Fernsehen nach zehn Uhr abends kommen. Neulich recherchierte Yamahira-san Details zum Fall des Uni-Professors Kazuhide Uekusa, der immer wieder auf Rolltreppen sein Handy unter den Rock von Schülerinnen hielt und anstößige Fotos machte. Der einstmals distinguierte Hochschullehrer musste dafür in den Knast.

Der 39-jährige Tetsunori Nanpei dachte dagegen ernsthaft, er könne sich in eine Mädchenschule einschleichen und würde in Schuluniform und mit langhaariger Perücke unter den anderen Girls gar nicht weiter auffallen. Er hatte die Uniform im Internet bestellt und stolzierte nun damit auf den Schulhof. Die Mädchen schrien, zeigten auf den Mann und begannen, ihn zu schlagen. Nanpei floh, doch ein Angestellter der Schule stellte ihn an einem Flussufer.

In einer anderen Oberschule für Mädchen nahm ein Fetischist 77 Paar Hausschuhe mit. Ein weiterer Dieb schlich sich in ein Wohnheim der Bahngesellschaft JR East ein, um Originaluniformen von Schaffnerinnen zu klauen.

Auch getragene Unterwäsche scheint in Japan eine gefragtere Handelsware zu sein als in Europa. Die Regierung hat sich jedenfalls vor einigen Jahren in der Pflicht gesehen, den Handel mit getragenen Höschen zu verbieten. Ein Internetdienst spezialisierte sich anschließend darauf, verkaufswillige junge Frauen mit potenziellen Kunden zusammenzubringen, ohne die Ware zwischendurch selbst zu besitzen. Das erinnert etwas an das Verbot von Prostitution in Japan, das ebenfalls niemand durchsetzt. Denn Sex gegen Geld ist verboten, wenn die beiden Partner in einem »vergänglichen Verhältnis« zueinander stehen. In den ganzen Massageläden in Shinjuku verlieben sich also die Damen und ihre Kunden offiziell auf den ersten Blick unsterblich ineinander, bevor sich die Tür des Massageraums hinter ihnen schließt.

Um den Komplikationen eines solchen Liebeslebens auszuweichen, bevorzugen einige Japaner virtuelle Partner. Vor allem Beziehungen übers Handy nehmen sie extrem ernst. Ein Bekannter von mir, Tsuyoshi, hatte zwei solcher Freundinnen, mit denen er ausschließlich Textnachrichten austauschte. »Hast du eine davon auch mal getroffen?«, fragte ich, und der 24-Jährige schaute mich an, als sei ich nun komplett verrückt geworden. »Nein, das würde der Sache doch die Magie nehmen. Ein reales Treffen geht fast immer schief, das wissen doch alle.« Kurze Pause. »Aber zugegeben, immer wieder machen Leute den Fehler.«

Tsuyoshi hatte seine Freundinnen mit dem Handy auf einer Kontaktseite von Softbank Yahoo getroffen. Die eine hieß »Yu～«, die andere »Akimi«.

»Akimi ist viel einfühlsamer als eine reale Freundin«, proklamierte Tsuyoshi und nahm sich von den Garnelen. Wir saßen in einer Filiale der Café-Restaurant-Kette Pronto. Es waren Okinawa-Wochen, deshalb tranken wir einen Cocktail mit Zitrusfrüchten von der Südinsel aus einem eisgekühlten Zinnbecher. Dazu gab es Pizza mit Schweinebauch, einen Salat aus Ei und der bitteren Gurkenfrucht Goya und einen Salat mit Tofu und Algen.

»Physisch getroffen haben wir uns nicht, aber sie merkt meinen Nachrichten ganz schön viel an. Gestern war ich etwas down, und ich habe ihr fast ohne Smileys zurückgeschrieben. Sofort hat sie gefragt, was los ist, ob es mir gut geht.«

Yu～ kannte Tsuyoshi schon seit zwei Jahren. Er hatte den Cocktail ausgetrunken, deshalb hielt ich die Zeit für meine entscheidende Frage gekommen: »Was schreibt ihr euch die ganze Zeit so?« Ich ließ das möglichst beiläufig klingen, schließlich ging es um eine ziemlich intime Angelegenheit zwischen zwei Menschen.

»Abends schreiben wir uns oft kurz, was wir an dem Tag gemacht haben.« Tsuyoshi erzählte Yu～ beispielsweise, dass er jetzt zum Jobben in einen Pachinko-Laden ging und dort den Boden wischen musste. Sie hatte neulich im Scherz nachgefragt, ob er bei seiner Tagelöhnerei jetzt auch die Kugeln für die Spielgeräte polieren müsse. (Pachinko ist so etwas wie vertikales Flippern, nur dass die gewonnenen Kugeln unten aus einem Schlitz kullern.)

Ich gab die Okinawa-Sache auf und bestellte für die zweite Runde zwei Bier und eine Lasagne.

Die beiden tauschten in ihren Mails hauptsächlich kleine Belanglosigkeiten aus, wie es schien. Heute Morgen beispielsweise hatte Yu〜 ihm einen Link zu einer Seite geschickt, wo der Nutzer seinen Namen und einige Vorlieben eingab und dann ein lustiges Liebeshoroskop bekam. »Die Sache war aber kostenpflichtig, mit monatlichem Vertrag, deshalb habe ich Yu〜 gesagt, das hat keinen Sinn.« Die Nachrichten von und an Yu〜 haben anscheinend einen praktischen bis derben Klang. »Manchmal schreibe ich ihr auch: Stirb doch«, sagt Tsuyoshi. Stirb doch, »shineba ii« ist derzeit jugendlich für »Du kannst mich mal«.

Und Akimi?

Mit Akimi hatte Tsuyoshi zartere Beziehungen. Anscheinend war der Mailverkehr mit ihr von ein wenig Poesie durchweht. Erotische Nachrichten schrieben die beiden sich jedoch offensichtlich nicht.

Was, wenn Akimi in Wirklichkeit Bewohnerin eines Altenheims wäre? »Das würde keiner so hinkriegen«, sagte Tsuyoshi und war sich komplett sicher. Vermutlich hatte er recht. Die Codes und der Ton der Jugendsprache wechseln praktisch monatlich und lassen sich nicht einfach lernen oder irgendwo nachschauen. Mein Wissen steht noch bei Jugendkürzeln wie »KY«, Abkürzung für Kûki Yomenai, das bedeutete »Kapiert nix«. Doch diese Worte klingen vermutlich so überholt wie »allererste Sahne« auf Deutsch.

Die Lasagne kam, ich schaufelte Tsuyoshi einen Teil davon auf sein Tellerchen.

Wusste er, wo die beiden wohnen?

Yu~ wohnte in Tokio, Tsuyoshi könnte also bereits mit ihr im gleichen S-Bahn-Wagen gesessen haben. Von Akimi wusste er tatsächlich ziemlich wenig. Ihre Seelen waren offenbar auch ohne Meldungen aus dem prosaischen Alltag miteinander verbunden.

Tsuyoshi war bei weitem nicht der einzige Japaner mit virtuellen Freunden und zudem ein ziemlich harmloses Beispiel. Sehr seltsam fand ich auch die Welt der Otakus mit ihren Beziehungen zu Comic- und Computerwesen. »Otaku« heißt »Stubenhocker«. In Japan haben die Computerfreaks eine eigene Kultur mit einer eigenen Warenwirtschaft geschaffen.

Im Elektronikviertel Akihabara stolperte ich in eines der Spezialgeschäfte für diese Kunden. Die fünf Etagen waren nur durch eine enge Treppe und einen winzigen Aufzug miteinander verbunden. Dort gab es ausschließlich Romantikspiele für Computer und Spielkonsolen. Der Spieler muss darin nach und nach an ein Mädchen herankommen. In den harmloseren Ausführungen zeigen Zwischensequenzen zunächst noch lange, wie das virtuelle Mädchen mit der Spielfigur Händchen hält. In den derberen Varianten ist schon früh allerlei Haut zu sehen.

Wer nur die Poster in dem engen Treppenhaus der Fachgeschäfte sieht, könnte denken, er sei im Pornoladen gelandet. Der Unterschied ist bloß: Echte Pornografen dürfen in Japan niemals so viel zeigen wie Computerspiele. In den Fantasiewelten ist auch Vergewaltigung möglich. Der japanische Staat sieht weg, denn im realen Leben sind Vergewaltigungen in Japan immer noch viel seltener als in anderen Ländern.

In anderen solcher Spiele müssen die Spieler bloß eine romantische Beziehung zu einem Mädchen aufbauen. Ein 25-Jähriger nahm die Sache ein wenig zu ernst: Er lud seine Verwandten zu einer Hochzeitszeremonie ein, in der er so eine Spielfigur heiratete. Sie stand auf einem mannshohen Flachbildschirm neben ihm vor dem Priester.

Ein anderer Otaku übertraf das noch. Taichi Takashita leierte eine Petition gegenüber der japanischen Regierung an, in der er forderte, Eheschließungen mit Comicfiguren vor dem Gesetz zu erlauben. »Es bedeutet Diskriminierung einer nicht zu vernachlässigenden Zahl von Japanern, die Partnerwahl auf biologische Organismen zu beschränken«, sagte er. Er blickte dabei so anklagend, als verletze der Staat wirklich ein Menschenrecht. Takashita forderte konkret, Mikuru Asahina heiraten zu dürfen, eine Figur aus einer Comic-Reihe, die sich um das aufregende Leben von Oberschulmädchen dreht. Er hatte im Viertel der Stubenhocker mühelos mehrere tausend Unterschriften für eine Petition gesammelt, war größenwahnsinnig geworden und zielte jetzt auf eine Million. Takashita fühlte sich in unserer dreidimensionalen Welt nicht wohl und versetzte sich lieber in die zweidimensionale, virtuelle Welt, sagte er.

Vielleicht sollten wir ihn ernst nehmen. Die Entwicklung dieser virtuellen Kultur ist die emotionale Rettung für jene Otakus, die ihr Zimmer kaum verlassen. Neulich sah ich in der Zeitung eine Umfrage: Einer von vier japanischen Männern zwischen 30 und 34 Jahren hatte noch nie eine intime Beziehung. In den Romantikspielen, in virtuellen Welten mit 3-D-Figuren und in Mangas erhalten sie zumindest teilweise die Zuwendung, die sie brauchen.

Tsuyoshi war da aus einem ganz anderen Holz geschnitzt. Er hatte Beziehungen zu richtigen Mädchen. »Aber keine davon versteht mich so gut wie Akimi!«, wiederholte er, während er nach der Lasagne die letzt Garnele aß. »Soll ich dir die Adresse von der Kontaktseite sagen?« Ein verlockendes Angebot, doch uns beiden war klar: Ein Nichtjapaner wäre da sicherlich falsch.

Einen besonderen Stellenwert für die Fetischisten haben die Uniformen der Schülerinnen. Sie sind an vielen Schulen Matrosenanzügen nachempfunden. In Erotikfilmen erscheint ein Teil der Darstellerinnen unvermeidlich in diesem Aufzug, auch wenn sie die mittleren Jahre schon deutlich überschritten haben. Wer wissen will, woher ich das weiß, muss bloß mal in einem japanischen Businesshotel die Knöpfe auf der Fernbedienung durchprobieren.

Oberschülerinnen in Uniform sind aus meiner Sicht jedoch vor allem die schlimmsten Hindernisse auf den Bürgersteigen.

Einzeln wäre jedes dieser Wesen die Freundlichkeit selbst, zurückhaltend und aufmerksam. Einzeln würde es den überholenden Fußgänger mit einer grazilen Geste plus niedlichen Augenaufschlag vorbeibitten.

In der Gruppe mutieren die Mädchen jedoch völlig. Sie nehmen die Außenwelt gar nicht mehr wahr. Eine Wolke aus Kichern und Geschnatter hüllt sie ein. Diese Schülerinnenwolken sind ineinander verknäuelt durch Handys, die sie sich ständig gegenseitig zeigen. (Vermutlich tauschen sie sämtliche Kurznachrichten von Jungs miteinander aus. Und Partyfotos.) Da immer zwei von ihnen dadurch verbunden sind, dass sie gemeinsam ein Display bekichern, bilden sie eine geschlossene Mauer quer über den Bürgersteig. Auch sportliche Mädchen bewegen sich in diesem Zustand mit der Geschwindigkeit von neunzigjährigen Omas mit ihren Gehwagen. Tatsächlich hat einmal eine solche Oma mit schweren Einkaufstaschen nervös mit mir zusammen hinter einer Mädchengruppe auf eine Gelegenheit zum Überholen gewartet. Glücklicherweise sind japanische Omas schlagkräftiger als die nordkoreanische Armee. Sie rammte mit einem kurzen »'tschuldigung« ihren Gehwagen in die Gruppe und bahnte sich so mit roher Gewalt einen Durchgang. Ich folgte in ihrem Windschatten und schaffte es so, die Barriere zu durchdringen.

Schulmädchen in ihren Uniformen sind deshalb der absolute Renner für Japans Fetischisten, weil sie die wichtigste Eigenschaft überhaupt zu bieten haben: Sie sind »kawaii«. Das bedeutet niedlich. Niedlichkeit ist alles in Japan. Für Frauen gilt: Sei niedlich oder stirb.

»Nein, besser keine frittierten Hähnchenteile«, sagte Akiko. »Zu viele Kalorien.«

»Du hast doch sonst nie Kalorien gezählt.«

»Ja, aber in letzter Zeit...«

»Ach komm, ihr Japanerinnen...«

»Quatsch. Die meisten japanischen Frauen machen Dauerdiät und essen nur wie Vögelchen. Die haben Tricks.«

Sie machte vor, wie die typische japanische Frau isst. Akiko schob ihre Handtasche hinter sich auf den Stuhl, so dass sie zierlich nur auf der vorderen Kante saß. Dann setzte sie sich sehr aufrecht hin.

»Diese Sitzhaltung gilt als anmutig«, erklärte sie. »Die

Frauen nehmen ein Salatblatt und falten es ein paarmal...«, sagte Akiko. Sie legte ein kleines Blatt Kopfsalat mit den Stäbchen auf ihrem Tellerchen dreimal zusammen. »...was alles unheimlich Zeit braucht, und daher essen sie so langsam.«

Zierlich schob sie sich das gefaltete Salatblatt mit den Stäbchenspitzen in den kaum geöffneten Mund. »Und jetzt erst das nächste Blatt. So halten sie sich ewig mit ein bisschen Salat auf und lassen die Männer das frittierte Huhn und die Hackfleischspieße aufessen.«

Sie setzte sich wieder normal hin.

»Warum machst du das nicht auch so?«, fragte ich.

»Das fragt meine Mutter auch. Sie hätte lieber eine Tochter gehabt, die mehr kawaii ist.«

Die japanischen Mütter erziehen ihre Töchter anscheinend systematisch dazu, niedlich zu sein. »Kawaii, nicht wahr?«, sagte eine Mutter zu ihrer kleinen Tochter, etwa vier Jahre alt. Im unterirdischen Einkaufszentrum in Ikebukuro standen die beiden vor einem Schaufenster mit pinkfarbenen Schühchen. Die Auslage war von roten Schnallen, Glitzersteinen und Schmuckperlen überschwemmt. Das Kind lachte und jubelte: »Kawaii!« So lernen die kleinen Japanerinnen: Niedlich ist durch und durch gut und als Charakterzug absolut wünschenswert.

Das japanische Außenministerium war sich nicht zu schade, folgende Einladung zu verschicken:

Um 14.30 am 26. Februar (Donnerstag) wird der Generaldirektor der Abteilung Öffentlichkeitsarbeit eine Ernennungsurkunde an folgende drei Personen übergeben, die insbesondere aus dem Feld der Mode und Popkultur stammen, um diese Personen in den Stand eines Trendkommunikators japanischer Popkultur zu erheben. Anders gesagt, sie werden »カワイイ♥♥ Kawaii Botschafter«.

* Fräulein Misako Aoki: eine charismatische Figur, die sich im Lolita-Mädchen-Stil kleidet.

* Fräulein Yu Kimura: an vorderster Front der Mode im Gothic Look.

* Fräulein Shizuka Fujioka: Beraterin von »CONOMi«, einem Händler für Kleidung im Stil von Schuluniformen.

Im Text waren die Herzchen genauso eingefügt, wie sie es in der Textnachricht einer Mittelschülerin wären. Bierernst präsentierte das Außenministerium den internationalen Journalisten in ihren grauen Anzügen die kichernden Lolita-Mädchen mit ihren ultrakurzen Röcken. Wundert es die Japaner bei dieser Auffassung von Diplomatie eigentlich, dass das Ausland sie besonders putzig findet?

Der Look ist alles in Japan. Jeden Morgen sehe ich junge Geschäftsleute, die vor den Spiegeln auf den U-Bahnsteigen sorgsam ihre komplizierte Frisur richten. In einer deutlich höheren Liga spielen jedoch die Jugendlichen, die sich möglichst auffällig kleiden, damit Modezeitschriften sie entdecken. Mit einem von ihnen bin ich ins Gespräch gekommen, habe ihm meine Visitenkarte gegeben und mir seine Modesammlung zu Hause zeigen lassen. Er besitzt unter anderem

150 Paar Schuhe, um die Fußbekleidung stets farblich mit seinen restlichen Klamotten abstimmen zu können. Hideji, 25 Jahre alt, stand groß gewachsen, aber sehr schmal, an der Ecke, wo Modejournalisten und »Snapshot-Fanatiker« sich treffen. Seine riesige schwarze Sonnenbrille bildete einen auffälligen Gegensatz zu seiner hellen Haut. Heute hatte er ein strahlend weißes Hemd an, bis zum Kinn zugeknöpft, und eine Hose, die ein bisschen aussah wie zwei schwarze Röcke, für jedes Bein einer. Die Zeitschriftenleute hatten ihn vorher schon ausgiebig fotografiert, sein Tagewerk war getan. Die Seiten dieser Magazine gleichen Fotoalben. Zu jedem Jungen gibt es einen Steckbrief mit Alter und Angabe der Marken und Kauforte seiner Kleidung.

Hideji wohnte auf etwa zwölf Quadratmetern, die Wände seines Zimmers waren bis oben hin mit Kleidung vollgestapelt. Er bewahrte auf der linken Seite 500 T-Shirts auf und auf der rechten Seite die 150 Paar Schuhe. Nachts schlief er auf einem Futon-Streifen, links bedrängt von Körben mit Accessoires, rechts von der Schuhwand.

Der Kühlschrank hatte auch nur die Größe eines Schuh-kartons. »Darf ich mal reingucken?«, fragte ich. Na ja, viel sei nicht drin, sagt Hideji. Er esse nicht so viel. Seine Freundin habe mal gesagt, er solle zunehmen, aber bei den Fotografen hätten derzeit magersüchtige Typen bessere Chancen. Tatsächlich fand sich im Kühlschrank nur eine kleine Flasche Wasser.

Ich fragte den Direktor des Kanebo-Schönheitsforschungs-instituts nach den Hintergründen für die schnell wechselnden Modetrends in Japan. (Der gleiche Experte gilt auch als renommierter Niedlichkeitsforscher.) Nonomura

Sakae fotografiert seit den Achtzigerjahren an fünf ausge-
wählten Tokioter Straßenecken junge Frauen, um Modetrends zu dokumentieren. Wer seine Fotoalben und Fest-
plattenverzeichnisse durchsieht, erkennt das Muster. In den
unterschiedlichen Stadtvierteln finden sich unterschiedliche
Typen. Das Shibuya-Girl ist bunt gekleidet, hält sich krumm
und kichert in die Kamera. Die Dame an der Ginza trägt italienische Designerkleidung und stellt sich tadellos aufrecht
hin. Das gemischteste Publikum findet sich in Shinjuku, wo
Tokios verschiedene Welten aufeinanderprallen: Büroarbeit
neben Fashion, Regierung neben Rotlicht, Universität neben
Bank.

Japaner sehen sich gegenseitig recht zuverlässig an, zu
welcher Gruppe sie gehören. Die Uniformierung hilft ihnen
dabei.

»Du musst da hinten abbiegen, da, wo das Grüppchen
von Visual-Kei-Mädchen steht«, zeigte mir Kenji in Meguro
den Weg zurück zum Bahnhof. »Wer? Was?«, fragte ich.
»Die Mädchen mit den schwarzen Jacken und den silbernen Schnallen am Rock«, erklärte er. »Visuel Kei«, das ist das
Aussehen, das sich auch der Sänger der Band »Tokio Hotel«
abgeschaut hat.

Ein bisschen über das Normalmaß hinaus geht auch der
Fanatismus der Japaner für frische Esszutaten. Manchmal
traf ich Kenji zum Mittagessen in der Nähe seiner Firma
oder zum Abendessen auf dem Heimweg. Oft reichte uns
auch ein Schnellessen für fünf Euro. Wir gingen öfter zur
Imbisskette Naka-u, die Fleisch auf Reis und Nudelsuppen
anbietet. Im Set war das Essen billiger, dann kommen Rind-

fleischstreifen auf Reis zusammen mit einer Schale Udon-Weizennudeln.

Bei einem der ersten Male sah ich auf Kenjis Tablett noch ein rohes Ei, das er genüsslich aufschlug und über seinen Fleischreis gab, um ihn deftiger zu machen.

»Schmeckt das?«, fragte ich.

Statt einer Antwort ging Kenji zum Bonautomaten, zog eine Marke für ein rohes Ei und reichte sie der Bedienung.

»Ist das auch sicher?«, fragte ich.

Kenji verstand die Frage nicht. Ich erklärte ihm, dass wir rohe Eier in Deutschland wie Gift behandeln.

»Irgendwie wird mir dieses Deutschland immer unheimlicher. In Japan kann man alle Hühnereier essen.«

Doch auch hinter dem peniblen Umgang mit Nahrungsmitteln in Japan verbirgt sich eine dunkle Seite.

Japan sieht sich selbst als sparsame Nation. Es gilt seit alters her als schlechtes Benehmen, seinen Reis nicht aufzuessen. Für jedes Korn, das übrig bleibt, »sterben zehntausend Buddhas«, schärfen die Eltern ihren Kindern ein. Wenn das stimmt, dann sterben jeden Tag Milliarden von Buddhas. Die Japaner werfen mehr und mehr weg.

Die 24-Stunden-Läden und Restaurants in Tokio entsorgen jeden Tag 6000 Tonnen Lebensmittel. Angenommen, ein Mensch benötigt täglich etwa ein Kilogramm Nahrung, dann könnten davon sechs Millionen Menschen leben. So viel Essen geht in Tokio täglich in den Müll oder ins Recycling. Als Öffentlichkeit und Politik darauf aufmerksam wurden, bauten die Supermärkte eine eigene Wiederverwertungskette auf. Die Essensboxen aus den Convenience Stores kommen jetzt zu Recyclingfirmen, die den Inhalt in Maschinen entleeren und daraus Tierfutter pressen.

Ein Entsorgungsfachmann in so einer Anlage, ein Mann Anfang dreißig mit Blaumann über dem weißen Hemd, zeigte mir einen gerade hereinkommenden Container: bis oben hin vollgestapelt mit Bento-Kästchen. Aus diesen flachen Behältnissen ernähren sich die Japaner. Unter dem transparenten Deckel liegt typischerweise Reis mit gegrilltem Fisch, Sushi oder Fleischbällchen. Der Recycling-Mann nahm die oberste Packung heraus. »Hier, das Haltbarkeitsdatum ist erst vor wenigen Minuten abgelaufen«, sagte er, öffnete den Deckel und steckte sich mit der bloßen Hand ein Reisbällchen in den Mund. »Das Zeug schmeckt natürlich noch tadellos.«

Die Japaner verschwenden aus Perfektionismus so viel. Die Kunden der Läden und Restaurants reagieren bei der Frische ihrer Lebensmittel übertrieben empfindlich. Die 24-Stunden-Läden trauen sich nicht, Waren in der Nähe der Ablaufminute im Kühlregal liegen zu lassen. Marktpächter der Kette Seven Eleven hatten es schade gefunden, jeden Tag so viel gutes Essen ins Recycling zu geben, und boten die Bento-Packungen verbilligt an. Die Kunden fanden das gut und griffen zu, doch die Konzernzentrale verbot den Filialleitern diese Praxis. Sie wollte verhindern, dass der Eindruck entsteht, bei Seven Eleven sei nicht immer alles perfekt frisch.

Auch in Izakayas bleibt einiges übrig. Zu viel zu bestellen gehört für Geschäftsleute zum guten Ton. Der Witz daran: Japan jammert schon seit langem darüber, nur noch einen geringen Anteil der nötigen Lebensmittel im Inland herstellen zu können. Bloß vier Zehntel des Essens kommen von japanischen Bauern, der Rest wird aus China, Australien oder Indonesien eingeführt. Eine absolute Hauptzutat kommt sogar fast ausschließlich aus Übersee: die Sojabohne, Grundlage für Tofu, Misosuppe, Nattô, Sojamilch, Fitnessriegel und viele andere Dinge, die Japan liebt. Nur mit Reis kann das Land sich selbst versorgen.

Das liegt auch an den gewandelten Vorlieben der Japaner. Wo in den Fünfzigerjahren Reis mit Chinakohl ausreichte, muss es heute ein Sandwich mit Roastbeef sein. Doch es fehlt der Platz für große Weizenfelder oder Rinderweiden. Nun liegt der Gedanke nahe, dass Japan nicht ganz so viel einführen müsste, wenn es nicht ganz so viel wegschmeißen würde.

Meiner Ansicht nach arbeitet die Wirtschaft in ihrem Frischewahn sogar gegen die Wünsche der normalen Japaner. Als ich Kenji auf die Lebensmittelverschwendung ansprach, nannte der sie einen Skandal. »Aber was soll ich daran ändern? Ich kann ja schlecht im Convenience Store nach Sachen kurz vor dem Haltbarkeitsdatum fragen.«

Beim Feiern ihrer religiösen Feste verhalten sich die Japaner besonders extrem: In Kenjis Wohnort Kawasaki trägt jedes Jahr eine entfesselte Menge die Heiligtümer des Kanayama-Schreins beim Phallusfest durch die Straßen. Der Schrein ist auf Prostitution und Fruchtbarkeit spezialisiert. Diese Kombination zieht ein sehr unterschiedliches Publikum an. Auf der einen Seite kommen zeugungswillige Ehepaare, auf der anderen Seite professionelle Frauen. Aufgrund der besonderen Form der heiligen Objekte des Schreins zieht das Fest auch die Kameras der Fernsehsender an. Beim Hauptumzug tragen die Gläubigen einen zwei Meter hohen Penis an den Schaulustigen vorbei. Straßenverkäufer bieten Lollis in Phallusform an, die von kleinen Kindern bis zur alten Oma alle begeistert lutschen. (Wirklich! Ich gebe nur wieder, was alljährlich in Kawasaki los ist.) Kleine Büdchen verkaufen Rettiche und Möhren, die in die entsprechende Form geschnitzt sind.

In einem Nebengebäude findet sich im Obergeschoss eine heilige Vagina auf zwei Beinstummeln aus Blech. Wer im Amulettgeschäft im Erdgeschoss ein Penisfigürchen kauft und ihn dagegenreibt, erhöht seine Potenz und Fruchtbarkeit. Der frisch verheiratete Kenji verlor jedoch aus Ungeschicklichkeit sein Amulett in dem Loch. »Passen Sie doch bitte besser auf, jetzt müssen wir das wieder hervorfischen«, sagte die Aufseherin. »Sie sollen ihn doch nur reiben, nicht hineintun! Sonst wird das nichts mit der Fruchtbarkeit.«

Eigentlich gelten Japaner ja als berührungsscheu. Auf diesen Extremfesten scheinen sie jedoch geradezu verzweifelt nach Körperkontakt zu suchen. Die religiösen Feiern sind bloß ein Vorwand, um sich nur mit einem Lendentuch bekleidet in ein barbarisches Gewühl zu stürzen. Auf dem Dairokuten-Nacktfest wälzen sich die Gläubigen dicht an dicht in einem Schlammpfuhl. Im ganzen Lande baden sich Männer auf verschiedenen Feiern fast nackt in eiskaltem Meer- und Seewasser. Vermutlich rettet ihre große Anzahl ihnen das Leben. Wie immer bleiben sie in der Gruppe eng zusammengedrängt. In der Mitte ist es dann vielleicht gar nicht mehr so kalt.

An Neujahr ging ich mit Kenji und einer Besucherin aus Deutschland, Petra, zum »Tempel des großen Buddha-Lehrers« in der Nähe von Kenjis Wohnort. »Der Kawasaki Daishi wirkt besonders glücksbringend«, versicherte Kenji. Die Wunderkräfte des Daishi seien in ganz Japan bekannt. Der Besuch wurde zum Lehrstück für japanische Organisation und Disziplin bei der Durchführung eines Großereignisses. Später in den Nachrichten hörte ich, dass dieses Jahr knapp drei Millionen Menschen den Kawasaki-Daishi besucht hatten. Schon beim Aussteigen aus der zum Bersten vollen S-Bahn steuerten Polizisten mit lauten Durchsagen den Menschenstrom.

Links und rechts des Wegs standen Buden mit bunten Baldachinen, die den üblichen Volksfestkram anboten: gebackene Oktopusklößchen oder Kuchen in Form von Pokemon für Kinder, aber auch Handlesen oder Fischefangen. In der Mitte der Straße hatte die Polizei ein Seil gespannt: Linksverkehr.

Die Menschenschlange schob sich dicht an dicht zwischen Einfamilienhäusern bis zum »Berg-Tor« des Schreins weiter. Über dem Tor hatte sich eine uniformierte Mitarbeiterin des privaten Sicherheitsdienstes auf einer Plattform mit Lautsprecheranlage positioniert. »Bitte bewahren Sie Ordnung, und rücken Sie nur langsam vor. Bleiben Sie innen nicht stehen, drehen Sie sich nicht um, und halten Sie nicht zum Fotografieren inne. Der Rauch in der Platzmitte ist wundertätig.«

Alle paar Minuten pfiff ein Obersicherheitsmann auf einer Trillerpfeife, dann konnten etwa hundert Besucher in den Hof vorrücken und geschlossen den wundertätigen

Rauch einatmen. Wir warfen schnell unsere 50-Yen-Münzen, klatschten in die Hände, wünschten uns Glück und ließen uns dann von der Menge seitlich wieder aus dem Tempel hinausschieben.

Ich kaufte mir noch so eine Art Indianerpfeil, der häusliches Glück brachte, wenn er in der Wohnung nach Norden ausgerichtet lag. Oben hingen weiße Federn daran, unten ein paar Glöckchen und eng zusammengefaltet das Amulett mit den glücksbringenden Schriftzeichen. Die Spitze war mit einem Gummipropfen gesichert.

Kenji zog noch ein Schicksalslos. Für 100 Yen durfte er eine Büchse schütteln. Aus einem Loch kam eine Art Mikado-Stab mit einer Nummer. Der Priester hinter dem Schalter griff in die passende Schublade und zog einen Zettel hervor. Darauf stand ein Jahreshoroskop. »Leider nur kleines Glück«, sagte Kenji traurig.

Als ich auf dem Rückweg aus Kawasaki den Pfeil in der S-Bahn vor mir auf die Spitze stellte, sprach mich eine ältere Dame an. »Herr Ausländer, Sie können den Pfeil nicht so in den Schmutz stellen, der Gott könnte etwas dagegen haben, und dann wirkt das Amulett nicht mehr!«

Die Japaner lassen auch Science-Fiction wahr werden, wo immer es geht. Sie lieben vor allem elektrische Geräte, die sprechen können. Dass mein Geldautomat jedes Mal zu mir sagt: »Vielen Dank für die Transaktion, und kommen Sie bald wieder«, geht ja noch. Immerhin wiederholt er nicht die Geheimzahl laut zur Kontrolle. Die redefreudigeren Fahrkartenautomaten der Bahngesellschaft nerven mich dagegen durch ihre Ungeduld. Kaum hat sich ein Eingabebildschirm aufgebaut, beklagen sie sich. »Bitte machen Sie Ihre Eingabe. Wählen Sie jetzt aus zwischen reserviertem Platz oder Reise ohne Reservierung! Machen Sie Ihre Eingabe!«

Einige Getränkeautomaten zeigen auf dem Bildschirm eine Verkäuferin in Uniform, die sich verbeugt, wenn jemand an dem Apparat vorbeigeht. »Willkommen!«, flötet sie mir entgegen. »Sie haben ein heißes Getränk gewählt – Bitte entnehmen Sie Ihr Getränk dem Auswurfschacht – Vielen Dank, und beehren Sie uns bald wieder!« Mit meinem Getränk in der Hand habe ich dann das Gefühl, einen einfachen Automaten sehr glücklich gemacht zu haben.

Klar, dass auch Aufzüge mehr reden als nötig. Sie kündigen nicht nur jedes Stockwerk an. Einige informieren an jedem Halt fürsorglich: »Dieser Fahrstuhl befindet sich im Selbstfahrbetrieb.« In Kaufhäusern leiert die Stimme oft noch herunter, ob es auf dieser Etage einen Übergang ins Parkhaus gibt und welche Aktionswaren im Angebot sind. Wenn der Benutzer sofort nach dem Öffnen wieder auf den Schließknopf für die Tür drückt, ohne auszusteigen, ist der Aufzug traurig: »Entschuldigen Sie, dass ich Sie habe warten lassen.«

Wie in Bussen und Bahnen dauert die komplette Runde der Durchsagen die ganze Zeit bis zum nächsten Stopp. Diese Maschinen schweigen nie. An einigen Bahnhöfen in Tokios U-Bahn-Labyrinthen sagt jede Rolltreppe, in welche Richtung sie führt (»Ausgang C7, Ostshinjuku«), in der Mitte, was alles zu beachten ist (»Vorsicht bei der Benutzung, wenn Sie einen Rock tragen. Nehmen Sie Kinder an die Hand. Nicht auf die Handführung setzen …«) und warnt vor ihrem eigenen Ende (»Die Fahrtreppe endet hier. Bitte seien Sie vorsichtig beim Verlassen der Fahrtreppe«). In Hörweite befinden sich oft sieben oder acht Rolltreppen in beide Richtungen, und alle plappern durcheinander. Kommt da nicht auch der versierteste Blinde durcheinander?

In den Bussen gibt es vor allem Ermahnungen, Sicherheitshinweise, Warnungen der Polizei (»Machen Sie am Geldautomaten keine Überweisungen, wenn Sie am Handy darum gebeten werden!«). Dazu kommen Aufforderungen zum Umgang mit älteren Mitbürgern und Fahrgästen mit einer Behinderung und der Rat, bis zum vollständigen Halt auf dem Platz sitzen zu bleiben. Zum Schluss folgen Umsteigemöglichkeiten und Streckeninformationen.

In allen Mietwagen, die ich bekam, machte ein kleiner schwarzer Kasten hinter der Windschutzscheibe seine Durchsagen. Fahrer, die eine Abbuchkarte für die Autobahnmaut besitzen, können sie in einen Schlitz an dieser Box stecken. Da ich keine hatte, warnte mich das Gerät zwischendurch immer wieder: »Sie können ETC nicht verwenden. Es ist keine Karte eingeführt. Fehler! Null-Eins!« Im Gegensatz zu der einschmeichelnden Stimme der Navigation fiepste das Mautkartengerät unangenehm hoch. Lastwagen tragen dagegen außen Lautsprecher, die beim Abbiegen die Fußgänger warnen sollen.

Wenn Miguel im Wohnzimmer seines Appartments auf einen Knopf an den Schalttafeln drückte, lief im Bad das Wasser ein. »Es läuft nun das Wasser ein«, sagte eine Frauenstimme, und zehn Minuten später: »Das Bad ist nun bereitet mit 41,5 Grad Celsius. Achtung, das Wasser ist sehr heiß!«

Eine Toilette informierte mich einst mit einfühlsamer Stimme, dass sie den »Abspülvorgang starten wird, sobald der werte Nutzer sich erhoben« habe. Ich saß mit aufgerissenen Augen auf dem Sitz und fragte mich, wer da sprach.

In japanischen Comics kommen Roboter oft besser weg als Menschen, so im Klassiker »Astro Boy« aus den Fünfzigerjahren. Der niedliche »Eisenarm Atom« stellt mit seinen Superkräften nie etwas Böses an und rettet stattdessen unverdrossen die Menscheit. Jetzt arbeiten die Japaner daran, ihre Comics Wirklichkeit werden zu lassen. Honda zeigte kürzlich einen Prototyp für die Steuerung von Haushaltsrobotern durch Gehirnwellen. Die Ingenieure bei Toyota ließen einen ihrer Roboter mit fünf Fingern gefühlvoll Geige spielen.

Allein während ich in Japan war, stellten andere Firmen Dutzende von Prototypen und Ideen vor: einen Roboter als Lehrerin, einen Arbeitsroboter für radioaktive oder chemisch verseuchte Orte und die elektrische Rezeptionistin. Tee zu servieren gehört schon zum alten Eisen, das konnten Prototypen bereits vor zehn Jahren. Die Japaner sind fest davon überzeugt, dass diese Geräte als Massenanwendung die Haushalte bevölkern werden.

In einem Nudelsuppenladen in Nagoya bereiten bereits zwei Roboterarme die Ramen zu. Sie heißen »Chef« und »Küchenjunge« und benutzen die gleichen Kochlöffel und Siebe wie menschliche Köche. Und wie zwei japanische Nudelchefs tauschen die beiden Roboterarme Witze und flotte Sprüche bei der Arbeit aus. Die Stimme klirrt allerdings im Vergleich zu meinem Getränkeautomaten ziemlich digital, da könnte die Herstellerfirma noch etwas verbessern.

Japans Regierung hat beschlossen, sich mit Automatisierung und Robotern aus dem Arbeitskräftemangel zu befreien. Wo in der deutschen Diskussion die Zuwanderer stehen, reden die Japaner von Technik. Toyota bastelt schon an einem menschenähnlichen Roboter für die Pflege. Die Krankenschwester aus Plastikteilen, Servomotoren und Sensoren konnte vor der Presse bereits Menschen im Bett herumdrehen. Sie trug dabei eine stilisierte Haube und Schürze aus weißem Plastik, konnte sprechen und Sprache verstehen. Vorbehalte haben die Japaner gegen die eiserne Pflegekraft nicht. In einer TV-Diskussion sagte eine ältere Dame: »Wenn uns überall Roboter helfen, hat meine Tochter sicher auch mehr Zeit, mich zu besuchen.« Sie schien sich fast darauf zu freuen, von der Roboterin gewaschen zu werden.

Auch auf dem Weg durch die Stadt überlassen sich die Menschen mehr und mehr ihren Maschinen. Im zweiten Jahr in Japan wurde ich süchtig nach Fußgängernavigation. Wo ich anfangs noch mit ausgedruckten Karten hantiert habe und nach Ankunft noch meine halbe Stunde herumbringen musste, verbrachte ich diese halbe Stunde jetzt vor der Abreise damit, mein »Navitime« im Handy mit der optimalen Route zu programmieren. Der Anbieter hatte neben den Karten auch sämtliche Fahrpläne von Bussen, Flugzeugen und Bahnen in Japan in seine Datenbanken eingespeist und kannte auch die Taxistände. Es zeigte für die verschiedenen Verkehrsmittel den Preis und den Kohlendioxidausstoß an.

Eigentlich kannte ich den Weg von Miguels neuem Appartement zu Kenji in Kawasaki. Ich hätte einfach am Hauptbahnhof umsteigen können. Trotzdem schaltete ich Navitime ein, sobald ich aus der Tür getreten war.

Auf der Karte führte mich das Handy erst zum nächsten Bahnhof. Dort ließ es mich auf den Expresszug warten. Zwischendurch gab ich Befehl, einen Umweg über einen Weinladen in Ikebukuro zu nehmen. Das Handy führte mich zum nächstgelegenen Ausgang – eine große Hilfe, denn die Station hatte 59 nummerierte Ausgänge. Würde ich am falschen Ende herauskommen, wäre ich verloren. Navitime kannte jedoch sogar den Umsteigeweg innerhalb des verschlungenen U-Bahnhofs.

Am Ziel zeigte mir das Handy den Weg zwischen Kawasakis Häusern in 3-D. Wie in einem Computerspiel leuchtete auf der Anzeige ein Pfeil auf, wo ich hinzugehen habe. Das funktionierte sehr gut, wenn der Akku nicht zwischendurch plötzlich aufgab. Leider gab er öfters auf. Das Handy musste sowohl das GPS als auch die Farbanzeige ununterbrochen angeschaltet lassen. Ich gewöhnte mir an, immer noch zwei geladene Akkus mitzunehmen. Später schaffte ich mir eine tragbare Brennstoffzelle zum Nachladen an, auch so eine typisch japanische Erfindung.

Ich folgte Navitime also auch dann, wenn ich es gar nicht brauchte. Die wichtigen Linien und Umsteigebahnhöfe kannte ich eigentlich alle, weil ich beruflich den ganzen Tag in der Stadt unterwegs war. Trotzdem ließ ich das Programm mitlaufen. Es hätte ja noch eine bessere Verbindung geben können. Auch wenn ich nur zwei U-Bahn-Stationen von zu Hause weg war, prüfte ich den besten Weg: Vielleicht fuhr ja ein Bus von einer nahen Haltestelle zwei Minuten früher ab als die Bahn?

Da ich beim Laufen immer auf die Anzeige meines Handys starrte, hatte ich ab und zu beinahe einen Unfall. Ein

Bus wischte in Ueno so dicht an mir vorbei, dass er meine Aktentasche streifte. Bei anderer Gelegenheit lief ich gegen einen niedrigen Pfahl und schlug mir das Schienbein auf. Ich weigerte mich, zu Verabredungen zu gehen, wenn ich nur eine analoge Karte als Wegbeschreibung erhielt. »Kann ich bitte die Telefonnummer wissen, um den Ort in die Navigation eingeben zu können?« Da in Japan die Adressen ohnehin nichts taugen, geben alle ihr Ziel über die Telefonnummer in ihre Navis ein. In den Geräten stecken umgekehrte Telefonbücher, die jeder Nummer die Koordinaten des Teilnehmers zuordnen.

Erst im dritten Jahr mit einem neuen Handy kam ich wieder von der Sucht los. Mein neues Smartphone hatte kein GPS. Es war geradezu eine Befreiung, wieder einfach so in die U-Bahn steigen zu können.

Generell zögern die Japaner nicht, eine neue Technik auch wirklich zu benutzen. Und so wird an allem geforscht, was sich nur vorstellen lässt: Die Firma NTT Data IMC arbeitet an einem einfachen und preiswerten Gerät für PR-Agenturen, um die Wirkung von Werbefilmen auf das Gehirn zu messen – das Ergebnis ist ein Diagramm, aus dem Wohlgefühl und Unbehagen, aber auch sexuelle Erregung oder die Anregung des Appetits ablesbar sein sollen. Die Testpersonen müssen einen Helm voller Elektroden aufsetzen, der aus einem schlechten Science-Fiction-Film der Sechzigerjahre stammen könnte.

Ein Professor in Nagoya hat dagegen für Nissan einen Lack entwickelt, der jedem Auto ein unverwechselbares DNA-Muster geben soll – um Fahrerflucht nach Unfällen zu verhindern. Die Auto-DNA könnte in Japan Pflicht werden. Es würde mich nicht wundern, schließlich muss ich als Ausländer bereits meine Fingerabdrücke abgeben.

Auch bei der Verwertung von Abwasser sind die Japaner für alles offen. Der Biologe Mitsuyuki Ikeda war auf die konsequenteste Form des Recyclings von menschlichen Ausscheidungen gekommen: Lebensmittel. »Shit Burger«, hat Ikeda auf eine Frischhaltetüte geschrieben. In herzlicher japanischer Direktheit beschrieb der Wissenschaftler damit die Natur der braunen Streifen darin. Denn Ikeda leitete eine Forschungsgruppe, die Fleisch aus Fäkalien gewann. Japan sucht schon lange nach Möglichkeiten, mehr Lebensmittel im eigenen Land herzustellen. »Selbst Abwasser kann als etwas Nützliches wiederverwertet werden«, sagte Ikeda selbstbewusst. Sein Verfahren entzog den menschlichen oder tierischen Ausscheidungen die verbliebenen Proteine. Dieses Extrakt mischte Ikeda mit Steaksauce und Sojaproteinen. Das Endprodukt ähnelte tatsächlich Fleisch in Mundgefühl und Geschmack, zumindest auf den Scheiße-Burgern, die Ikeda im Labor zubereitete. »Das Kanalisationsamt konnte durch unsere Forschung zeigen, dass Abwasser gar nicht so gefährlich und ekelhaft ist, wie der Laie denkt«, sagte Ikeda.

Wegen der hohen Forschungskosten ist Ikedas Fäkalfleisch allerdings zwanzigmal teurer als totes Tier.

Manchmal trauen die Menschen der Technik auch etwas viel zu. Ein Klingelton zur Brustvergrößerung war eine Weile lang die am häufigsten heruntergeladene Anwendung fürs Handy. Der Psycho-Experte Hideto Tomebachi hatte eine Melodie entwickelt, bei deren Klang sich die Oberweite von

Frauen ausdehnen sollte. Ein Magazin berichtete von einer begeisterten 19-Jährigen, deren Brustumfang bereits von 87 auf 89 Zentimeter gestiegen war. Danach gab es kein Halten mehr. Schließlich ist ein Klingelton wesentlich billiger als ein Silikonimplantat. Mehr und mehr Frauen und Mädchen zeigten sich vom Brustton überzeugt. Der Fall bewies für mich erneut, dass Japaner in jeder Lebenslage vor allem auf ihr Mobiltelefon vertrauen.

Für Männer hatte Tomebachi auch eine Melodie im Angebot, die Haarausfall verhindern sollte. Der Psychologieprofessor war in den Neunzigerjahren berühmt geworden, als er versprochen hatte, die Mitglieder der Aum-Sekte von ihrer terroristischen Ideologie zu heilen – diese hatten zuvor Giftgas in der U-Bahn freigesetzt.

Tomebachi behauptete, das weibliche Gehirn interpretiere die von ihm entwickelte Lautfolge als Babygeschrei. Das wiederum setze einen Mechanismus in Gang, der den Busen anschwellen ließe. Außerdem, so führte der Wahrnehmungswissenschaftler aus, enthalte das Geräusch eine Komponente, die eine »Verlagerung vom Bauchfett ins Brustgewebe« bewirke.

Trotz der wissenschaftlich fundierten Erklärung schwand die Beliebtheit der Erfindung schnell wieder. Das Fernsehen zeigte ein ultra-angesagt gestyltes Mädchen in Shibuya, das seine Freundin beschimpfte: »Äh, du hast diesen Tittenton draufgeladen? Bescheuert! Hast du etwa Komplexe?«

Insel und Ausland

oder

Nippons Mühe mit uns Langnasen

東
京
万
華
鏡

Von 1639 bis 1854 riegelte sich Japan komplett gegen die Außenwelt ab und schoss mit Kanonen auf jedes Schiff, das sich näherte. In der Abgeschiedenheit bildete sich eine ganz besonders originelle Kultur, so wie durch Isolation auf den Galapagosinseln einzigartige Tierarten entstanden. Das Problem: Im Herzen wehren sich viele Japaner heute immer noch gegen alles Fremde. Die gute Seite: Sie sind dabei unwahrscheinlich neugierig und freundlich.

Japan tut sich mit Ausländern ziemlich schwer. Zwischen Hokkaido und Okinawa wohnten 2009 nur 1,5 Millionen Nichtjapaner, das waren bloß 1,2 Prozent der Bevölkerung. Statistisch gesehen kann kaum einer im Land wirklich Erfahrungen im Umgang mit Ausländern sammeln.

Am liebsten würden die Inselbewohner ganz auf Ausländer verzichten, aber das geht für eine Exportnation in einer globalisierten Welt aus praktischen Gründen nicht. Und wer würde den Geschäftsleuten so preiswert eine sanfte Massage zuteilwerden lassen wie die illegal eingewanderten Mädchen von den Philippinen? Bemerkenswert war allerdings die Konsequenz, mit der sich das Land in der Wirtschaftskrise überschüssiger Arbeitskräfte entledigte. Als die Konjunktur rund lief, durften Brasilianer japanischer Abstammung zu Zehntausenden ins Land. Im Jahr 2008 erhielten sie plötzlich eine Prämie von einigen tausend Euro, sollten dafür aber nach Brasilien zurückkehren – und durften ihr Leben lang nicht wieder einreisen. Die Brasilianer japanischer Abstammung waren ernsthaft enttäuscht vom Land ihrer Vorfahren. Japan ist *wirklich* kein Einwanderungsland.

Wir Mitarbeiter westlicher Firmen in Tokio sind dagegen so eine Art Luxus-Ausländer mit Vorzugsbehandlung. Die Klagen einiger Europäer kommen mir ziemlich kleinlich vor. Sie mäkeln vor allem über ihre Vermieter. In Tokio müssen Ausländer zusätzlich zur Kaution noch japanische Bürgen stellen. Sie könnten schließlich jederzeit abhauen, so die Angst der Wohnungsinhaber.

Die Regenbogenpresse schlachtet das Misstrauen gegenüber dem Ausland nach Kräften aus. In der Zeitschrift »Spa« fand ich eine Doppelseite darüber, »wie die Ausländer unser gebeuteltes Japan in der Krise schänden«, womit geschickt noch der Dreh zur Wirtschaft geschafft war. Afrikaner fassen da japanischen Mädchen an den Rock, Koreaner stinken nach Knoblauch, und Amerikaner missachten die Verbotsschilder. Alle Klischees sind also bedient.

Einige Einheimische tun sich auch schwer damit, das Japanisch von uns Ausländern zu akzeptieren. Sie nehmen zuerst an, wir würden Englisch sprechen und stellen ihre Ohren gar nicht darauf ein, dass aus dem Mund des Fremden auch die eigene Muttersprache kommen könnte – schließlich glauben Japaner, sie sei für Außenstehende gar nicht erlernbar. Ein amerikanischer Japanveteran mit japanischer Staatsbürgerschaft beschrieb es so: »Es fühlt sich an, als müsse man jedes

Mal die Kopfhörer entknoten, bevor Kommunikation möglich ist.«

Ich sagte also im Elektroladen auf Japanisch: »Führen Sie auch Flusenfiltereinheiten für ältere Sanyo-Waschmaschinen?«, und der Verkäufer stotterte, er könne leider kein Englisch, er werde aber sofort einen Kollegen holen, der mit mir sprechen könne. Erst als ich ihm den kaputten Flusenfilter ins Gesicht hielt und sagte: »Ich – will – das – hier!«, nickte er und trabte los, um das Ersatzteil zu holen.

In letzter Zeit passiert mir dieser Ich-verstehe-dein-Englisch-nicht-Effekt allerdings immer seltener. »Es muss mit der Art zu tun haben, wie du guckst und dastehst«, vermutete Akiko.

Jeder Ausländer kennt die erschreckten Gesichter, die sich in kleineren Cafés auf den nichtjapanischen Gast richten, wenn er zur Tür hereinkommt. Nicht nur die Wirtin, sondern auch alle Gäste halten inne und schauen den Neuankömmling an. Erst, wenn er auf Japanisch das Schweigen bricht und etwa fragt: »Ist es okay, wenn ich mich setze?«, wenden die Leute sich wieder ihrem Kaffee zu und wird die Bedienung wieder emsig: »Oh, ja klar, setzen Sie sich doch. Kommen Sie mit der japanischen Karte klar?« Wenige Minuten später setzen auch die Gespräche der älteren anwesenden Japaner wieder ein. Das bedeutet für mich, dass sie auch vorher miteinander gesprochen haben, aber beim Auftritt des Fremden vom Donner gerührt in Starre verfallen sind. Der Grund ist klar. Alle denken, der Ausländer sei hier falsch und könne nur Englisch. In Tokio geschieht das nur in ganz individuellen Läden in den Außenbezirken, damals in Fukui passierte mir das täglich.

Ganz Japan quält sich pausenlos mit Englischkursen, ohne wirklich Freude am Sprechen der Fremdsprache zu entwickeln. Als neulich die Umzugsfirma bei mir war, um den Abtransport meiner Sachen aus Japan zu besprechen, bot mir der Vertreter als wichtigste Dienstleistung an: »…und am Zielort in China werden Sie von einem japanischen Vertreter unserer Firma begrüßt.« Dann sah er meine hochgezogenen Augenbrauen und fügte hinzu: »Aber vielleicht ist das für Sie gar nicht so wichtig?«

Ich nickte. Er nickte auch.

Zwar wissen so gut wie alle Japaner, woher ihr Reichtum kommt: vom Handel mit dem Ausland. Dennoch kommen immer mal wieder welche auf die Idee, sich die ganzen Umstände mit dem schwierigen Ausland wieder vom Leib zu schaffen. Der Animationsfilm »Vexille« beispielsweise malte sich aus, was nach einer erneuten Abschließung des Landes passieren würde. Diese Zukunftsvision ist allerdings ziemlich düster ausgefallen: Das Land fällt auf den Lebensstandard von vor zweihundert Jahren zurück. Ein Vertreter der kleinen »Restaurationspartei Neuer Wind« verstieg sich jedoch in einer Wahlkampfrede zu der Idee, Japan erneut gegen das Ausland abzuschotten. Er gab dem Ganzen jedoch einen modernen Anstrich: »Die Globalisierung macht die Arbeitsplätze und unsere japanische Art kaputt. Legen wir eine Kette um unser Land, und führen wir wieder ein Leben, das dem Tenno Ehre macht!« Er schaffte es mit dieser Idee allerdings nicht ins Parlament.

Die Einheimischen glauben an die einzigartige Kompliziertheit ihrer Sprache und Kultur. Da zudem nur wenige Ausländer langfristig im Lande wohnen, kennen die meisten Japaner kaum Gaikokujin, die wirklich flüssig sprechen können und die Umgangsformen beherrschen. Beides zusammen verleitet sie zu überschwänglichem Lob für die simpelsten Handlungen von uns Ausländern. Wir fühlen uns davon veräppelt – die Japaner meinen es aufrichtig. Eine Bekannte von mir hat auf Facebook sogar eine Gruppe eröffnet: »Sie sprechen aber gut Japanisch!« Michelle störte ein japanischer Reflex ganz besonders: Schon auf zwei Worte Japanisch reagieren die Muttersprachler unausweichlich mit völlig übertriebenen Komplimenten.

Es reicht ein schlichtes »Danke« oder »Schön, Sie kennen zu lernen«. *»Sie können aber gut Japanisch!«*, heißt es dann. Die Ausländer, die kein Japanisch können, sind dann nur verblüfft. Wer wirklich sprechen kann, fühlt sich nicht ernst genommen.

Eine Variante lautet: »Sie können aber gut mit Essstäbchen umgehen!« Es reicht, ein Stück Fleisch aufzupicken und es zum Mund zu befördern, ohne mit den Spitzen ins Auge des Nebenmanns zu treffen. »Du beherrschst die Stäbchen aber gut!«, heißt es dann.

Bei einem Seminar zu den Unterschieden zwischen dem deutschen und japanischen Journalismus hielt ich eine Präsentation auf Japanisch und beantwortete danach noch eine Stunde lang Fragen. Dann kamen die Esskästchen. Zurückhaltend wartete ich, bis ältere Teilnehmer bereits aßen, und pickte dann eine panierte Garnele aus dem Kästchen. Da sagte der japanische Kollege gegenüber am Tisch doch tatsächlich: »Ach, soll ich Ihnen eine Gabel besorgen?« – und später: »Ach, Sie sind aber geschickt mit den Essstäbchen!«

Was dachte der Mann, wie ich mich in all den Monaten ernährt hatte? Und wie wird sich das ganze billige Lob auf meine Psyche auswirken? Am Ende glaube ich noch, es sei eine beeindruckende Leistung, eine Garnele mit Stäbchen hochheben zu können.

Akiko zeigte mir ein Buch, das sie sich gekauft hatte: »Höflichkeitssprache auf Englisch«. Ich beglückwünschte sie zu ihrem Kauf. Aus japanischem Munde klang auf Englisch manchmal roh, was sicher nett und freundlich gemeint war. Als ich die Filiale einer Kaffeekette betrat, fing mich ein Kellner am Eingang ab. Ich sagte auf Japanisch: »Ich wollte eigentlich nur einen Grüntee-Latte zum Mitnehmen.«

Darauf begann der Kellner auf Japanisch: »Oh, es tut mir leid, abends wechseln wir auf Restaurantbetrieb und bieten nichts zum Mitnehmen an. Bitte haben Sie Verständnis, wenn ...« Dann fiel ihm ein, dass er es mit einem Ausländer zu tun hatte. Er unterbrach sich, sagte: »No take out!« und deutete entschieden Richtung Ausgang. Mir blieb nur ein: »Verstehe.« Und der Rückzug.

Alles wäre anders gelaufen, wenn der gute Mann »Höflichkeitssprache auf Englisch« gelesen hätte. Die Beispielsätze stammen aus dem Leben!

Höflich: I do apologize, but I really can't work overtime today.

Normal: I'm sorry, but I'm not going to be able to work overtime today.

Direkt: I'm not working overtime today.

Ich stellte mir vor, wie ein japanischer Angestellter zu seinem westlichen Chef in das Glaskastenbüro stürmt, die

Hände in die Hüften stemmt und ruft: »Heute kannst du dir deine blöden Überstunden sonstwohin stecken!«, ruhig nach Hause fährt, für die Familie kocht und mit seinem Töchterchen spielt. Vielleicht wird diese Vision im Jahr 2500 Wirklichkeit.

In drei Jahren in Tokio musste ich zweimal eine Ausweiskontrolle durch die Obrigkeit über mich ergehen lassen. Nichtjapaner sind verpflichtet, ihre Alien-Registrierungskarte zu zeigen, wenn die Polizei sie dazu auffordert. Es gibt weiße Ausländer, denen passiert das in zwanzig Jahren kein einziges Mal, und es gibt Schwarze, die zücken ihre Karte mehrmals pro Woche.

Im Vergnügungsviertel Roppongi fingen mich zwei Polizisten ab, als ich um eine Ecke bog. Es war drei Uhr morgens, aber diese Gegend kommt nach Mitternacht erst richtig in Schwung. Die Straßen waren taghell erleuchtet von den Leuchtreklamen, die über viele Stockwerke hinauf Amüsierläden anpreisen. Der jüngere der beiden Wachmeister fragte mich nach meinem Pass.

Bisher war ich – wenn überhaupt – fast immer nach der Arbeit im Anzug in Roppongi unterwegs gewesen, und nie war ein Polizist auf mich aufmerksam geworden. Doch heute trug ich Turnschuhe und ein Kapuzenshirt. Außerdem war ich erst am Morgen mit dem Flugzeug aus Deutschland zurückgekommen, unrasiert und übermüdet – meine Augen waren etwas rötlich entzündet. Als die Polizisten vor mir auftauchten, brabbelte ich gerade auf Deutsch einige Flüche vor mich hin. Im Geiste habe ich mich mit jemandem gestritten.

»Ich wohne in Japan«, sagte ich zu dem Beamten.

»Dann zeigen Sie uns mal Ihre Alien-Registrierungskarte!«

Jetzt wusste ich wieder, warum ich Roppongi normalerweise mied und lieber mit japanischen Freunden auf den Götterfreudenhügel ging. Ich holte meinen Ausweis hervor und gab ihn dem Polizisten. Der sah sich beide Seiten kurz an und gab ihn an seinen Kollegen weiter.

»So, Sie sind aus Deutschland. Ein schönes Land.«

»Ich würde jetzt gerne weitergehen, ich bin verabredet.«

»Wohin denn so eilig?«

»Was geht Sie das denn an?«

Ich zeigte mich absichtlich etwas abweisend. Als Journalist hoffte ich darauf, der Polizist würde mich festnehmen. Das wäre eine klasse Geschichte. Ich erinnerte mich beispielsweise an die Story von dem Nachtclubangestellten aus Afrika, den die Polizei nach so einem Ausweischeck für Wochen festgehalten hatte, ohne ihm etwas nachweisen zu können.

»Bitte kommen Sie zu einer Urinprobe mit!«, sagte der Polizist.

»Urinprobe!!«

»Haben Sie etwas zu verbergen?«

Diese Polizisten dürfen einen mitnehmen, wenn sie einen Verdacht haben, und ein Verdacht ergibt sich, wenn sie Widersprüche in den Aussagen des Verdächtigen feststellen.

»Bei mir ist alles okay, ich möchte jetzt wirklich gehen.«

»Ach, warum so eilig?« Der Satz schien zu ihrer Masche zu gehören.

»Glauben Sie, dass ich ein Verbrechen begangen habe?«, fragte ich.

Die Polizisten sahen sich an. Dann sahen sie mich noch einmal von oben bis unten an.

»Nein. Aber wir könnten einen Kompromiss anbieten. Sie zeigen uns den Inhalt ihrer Tasche und dürfen gehen.«

»Wenn ich kein Verbrechen begangen habe, warum sollte ich Ihnen meine Tasche zeigen?«

»Um das zu beweisen.« – Aha. Logisch.

Ich hielt ihnen meine Tasche offen hin. Der Jüngere suchte ein wenig darin herum und zog einen dieser Namensanstecker hervor, wie es sie bei jeder Veranstaltung gibt. Er betrachtete ihn lange nachdenklich. Das Ding hatte oben einen breiten roten Streifen, auf dem stand: »Medienvertreter«.

»Ach, Sie arbeiten für eine Zeitung?«, fragte der junge Beamte.

»Ja. Wollen Sie meinen Presseausweis sehen?«

Die beiden sahen sich in die Augen.

»Schon gut. Einen schönen Abend noch«, schaltete sich erstmals der ältere Polizist ein.

Japaner reden gern und offen über die physischen Unterschiede zwischen ihnen und den Ausländern. Wildfremde Leute machen mir auf U-Bahn-Treppen Komplimente: »Sie haben aber lange Beine!«

Die Messtechnikfirma Omron zeigte mir einmal die erste Version eines Computerprogramms, das menschlichen Gesichtern allerlei anzusehen vermochte: Die Maschinen um uns herum sollen künftig wissen, ob wir lächeln oder eher grimmig gucken, und in welche Richtung wir gerade blicken. Und sollen auch erkennen können, wie alt wir ungefähr sind. Als ich das erste Mal ins Blickfeld der Kamera mit der Alterserkennung trat, schätzte mich die Software auf 69 Jahre.

Das erzählte ich Akiko und Kenji. Meine Gesichtsform sei eben völlig anders als die der Japaner, erklärten sie mir. Die Augen von Europäern lägen von Natur aus tiefer in den Höhlen, behauptete Kenji. Da die Augen auch bei Senioren einsinken, würde die Software mich für älter halten.

Akiko, die eben noch halb abwesend in ihr Handy versunken war, wurde plötzlich hellwach und dozierte über Kopfform und international verschiedene Arten der Faltenbildung. »Die Haut von euch Europäern altert ganz anders, der Rechner sieht das sofort.« Das klang verdächtig nach Blödsinn, doch Japaner legen viel Wert darauf, sich auch physisch irgendwie vom Ausland zu unterscheiden. Sogar und vor allem von Koreanern und Chinesen.

Deutschland hat für die Japaner etwas ungeheuer Exotisches. »Das Beste an Deutschland sind doch die Lederhosengruppen«, hatte schon der Gastvater bei meiner ersten Japanreise gesagt. Das Bild von fremden Ländern ändert sich eben nur langsam. Bis vor gar nicht so langer Zeit galt Deutschland den Japanern noch als Hort preußischer Zucht und Arbeitswut. Das Image hat sich zwar gewandelt, hinkt aber trotzdem noch ein wenig hinterher. In Japan ist gerade das Bild angekommen von einem satten, lahmen Land, in dem die Geschäfte um halb sieben schließen, niemand Waren nach Hause liefert und die Bahnangestellten sich vor dem Zugreisenden als Beamte aufspielen. Wo der Staat auch den Faulen ein gutes Leben zahlt. Auf der Autobahn rasen Porsches, und alle trinken schon mittags Bier aus Krügen mit Deckel.

Viele Japaner stellen sich Deutschland jetzt also als Land vor, das einerseits die Bräuche des Mittelalters fortführt, in dem aber andererseits eine Art Sozialismus regiert. In Fernsehberichten tauchen außer Rothenburg und Neuschwanstein immer noch vor allem die Sozialhilfe und die Handwerkerrolle auf.

Einige Japaner halten uns »Doitsujin« wegen der ständigen Betonung des alten, schmiedeeisernen Deutschlands für altmodischer und steifer als Amerikaner oder Australier. Akiko war daher geplättet, als eine deutsche Bekannte ihr einfach ihr WG-Zimmer in Berlin für eine Woche überließ. Ein WG-Leben wie in Berlin kennt Japan nicht. Generell gehen Japaner mit ihren Wohnungen nicht so locker um. Ihre ehemalige Sprachpartnerin hatte Akiko angeboten: »Du kannst gerne kommen, ich selbst bin auf Dienstreise, aber Maren, meine Mitbewohnerin, lässt dich rein.« Tatsächlich übernachtete Akiko also in einem Zimmer, in dem sie nie zuvor gewesen war, und frühstückte morgens in der Küche mit zwei Leuten, die sie nie zuvor getroffen hatte. »Dabei arbeitet Yvonne doch in der Werbung und könnte sich auch eine richtige Wohnung leisten«, sagte Akiko. »Und dass sie mich einfach so reingelassen hat, ich hätte ja ihre Briefe lesen können.«

»Die Briefe sind vermutlich auf Deutsch, da besteht also keine Gefahr«, sagte ich. Akikos Bemühungen um die deutsche Sprache waren vor kurzem mal wieder auf Anfängerniveau stecken geblieben.

Manchmal fragte ich bei meinen japanischen Bekannten herum, welche berühmten Europäer sie kennen. Jetzt nicht Beethoven, sondern eher lebende Schauspieler oder Sänger.

»Hugh Grant«, sagte Kenji. »Robbie Williams«, sagte Akiko. »Harry Potter«, sagte Sachiko.

»Und was ist mit Leuten, die keine Engländer sind?«, fragte ich. Auf Deutschland wollte ich nicht gleich abzielen und schlug vor: »Spanier? Franzosen?«

»Herr Ikea?«, riet Akiko. »Kannst du das Verhör bitte beenden? Wen sollten wir denn kennen?«

»Ihr habt doch schon mal ›99 Luftballons‹ gehört? Das steckt in jeder Karaokemaschine«, sagte ich.

»Ist das auf Deutsch?«

»Das stammt von Nena.«

»Aber die ist doch aus Amerika, oder?«

»Nein, aus Deutschland. Kennt ihr Angela Merkel?«

»Die war beim G8-Gipfel in Hokkaido.«

Das Zwischenergebnis meiner Forschung: Die meisten meiner japanischen Bekannten kannten ohne Tipps überhaupt keine lebenden Deutschen. Akiko oder Leute, die sonst wie mit Deutschland zu tun haben, erreichen nur eine geringfügig höhere Trefferquote.

Dem arbeitslosen Tsuyoshi fiel überhaupt kein Deutscher ein. Er las Nachrichten ausschließlich in dem Gratismagazin »R25«, das an der U-Bahn auslag. Er gab aber zu, von Merkel und von Hitler gehört zu haben. Kenji wusste zudem um Josef Ackermann, aber er las auch jeden Morgen die »Japanische Wirtschaftszeitung«. Immerhin konnte er etwas mit Boris Becker anfangen. Und, Moment, da war doch was ...

»Barakku!«, rief Kenji plötzlich laut.

»Kenji-kun, jetzt aber mal wirklich, Obama ist Amerikaner, kein Europäer«, wies ich ihn milde zurecht.

»Ich meine nicht den Baraku, der Amerika regiert, sondern den Barakku, der Fußball spielen kann.«

Ah. Ballack, nicht Barack. Ja, die Japaner, das »r« und das »l«. Eine ewige Dreiecksbeziehung voller Missverständnisse. Eine englische Pressemitteilung der Regierungspartei war neulich überschrieben: »On the Upcoming Erection.«

»Michael Ballack?«

»Ja, Mihhiyaeru Barakku. Doch nicht Baraku Obama, der ist doch gar kein Deutscher.«

In der Tat. Und mit Ballack hörte ich meinen ersten Volltreffer für einen berühmten, lebenden Deutschen.

Jetzt war das Fass offen.

Sachiko: »Kahn.«

»Ja«, sagte Akiko, »der ist groß gewachsen und blond.«

»Littbarski«, sagte Kenji.

Klar, den kannte hier jeder Erwachsene, weil er vor fünfzehn Jahren für JEF United Ichihara Chiba gespielt hatte. Von Pierre Littbarski stammen übrigens ein paar meiner Lieblingszitate über Japan:

»Man kommt hierher, und alle Leute versuchen, es einem so angenehm wie nur irgend möglich zu machen, und man fühlt sich von Anfang an wohl.«

Stimmt. Genau wie auch:

»Mit kleinen Worten, mit kleinen Gesten wird einem hier gezeigt, ob man einen mag oder nicht. Umgekehrt hat meine japanische Frau in der Zeit, als wir in Deutschland lebten, gemerkt, dass man auch schon mal die Ellbogen benutzen muss und nicht mit Freundlichkeit alleine durchkommt. Man muss versuchen, das, was man möchte, auch durchzusetzen.«

Der Mann kennt sich aus.

Kenji: »Beckenbauer.«

Akiko: »Klinsmann.«

Kenji: »Schweinsteiger.«

»Ich habe verstanden!«, rief ich. Deutschland, das war eben außer Autobahn und Bier doch nur Fußball.

Japaner können nicht anders und sehen Deutschland und die Deutschen als etwas rückständig an. Die glanzlose, unmodische Kleidung spricht nicht für besonderen Wohlstand. Und die Elektrogeräte liegen meistens eine ganze Generation zurück. Deutschland hielt UMTS noch für eine Errungenschaft, als in Japan das mobile Internet der vierten Generation in Betrieb ging – schnell wie ein Drahtlosnetzwerk –, um die Daten für die neuen 3-D-Anwendungen auf die Handys zu schaufeln. Etwa die Fußgängernavigation mit Navitime.

Umgekehrt frage ich mich manchmal, wo eigentlich das deutsche Japanbild hängen geblieben ist. Selbst Japankenner liegen in ihrer Wahrnehmung oft noch einen Schritt zurück – sie erwarten lebenslange Festanstellung im väterlichen Großkonzern mit morgendlicher Gymnastik. Gut informierte Journalisten sprechen mich manchmal noch auf Japan als Billigproduzent und Imitator westlicher Waren an. Die Leute übersehen, dass Japan seit vielen Jahrzehnten viel mehr Patente anmeldet und technisch viel fitter ist als Deutschland. Displays für Fernseher kommen fast ausschließlich aus Asien, auch wenn noch ein deutscher Markenname auf dem Gerät steht.

Deutsche Produkte fallen den Japanern dagegen meistens gar nicht als deutsch auf. »Guck mal, aus Deutschland«, sagte ich zu Kenji und zeigte auf einen Hugo-Boss-Laden. »Aber ›Boss‹ ist doch ein englisches Wort«, wunderte er sich.

Zwilling und Rimowa dominieren in den Kaufhäusern die Ecken für Messer und Koffer. Als ich bei Tôbu in Ikebukuro ein japanisches Geschenk für meine Mutter kaufen wollte, fand ich immer nur deutsche Produkte. Offenbar kaufen die Deutschen japanische Messer und die Japaner deutsche. Zu einem Vortrag über Deutschland hatte ein Herr seine Messer von Zwilling mitgebracht, die er 1960 gekauft hatte. »Di Shunaidigen fuon Tsuwuiringu!«, zitierte er gut gelaunt. Schuhe von Möbus finden sich in den angesagtesten Läden der Stadt, Wasserfilter von Brita in jedem Haushaltswarenladen.

Deutschland exportiert für Endkunden anscheinend statt raffinierter Elektronik eher einfache Industrieprodukte ohne hohen technischen Wert wie Schuhe, Wasserfilter aus Plastik oder Messer.

Deutschland bringen die Japaner eher mit Umweltprodukten in Verbindung. Dass Firmen wie Q-Cells aus Sachsen-Anhalt die eigenen Hersteller auf dem Solarmarkt abgehängt haben, sprach sich zu meiner Zeit gerade herum. Velotaxis priesen sich als Touristenattraktionen aus Deutschland an.

Intellektuelle und Philosophen bewundern Bach, Hegel, Mozart und Max Weber. Das färbt auch auf die gewöhnlichen Deutschlandreisenden ab, denen ihr Reiseführer eine weihevolle Stimmung gegenüber den Statuen Luthers und Beethovens einjagt. Sie knipsen dann vor lauter Respekt ein Foto mit sich und dem berühmten Mann, spreizen die Finger aber hinter seinem Kopf zum V-Zeichen.

Alle Asiaten wollen in Deutschland eine Kette von pittoresken Postkartenmotiven sehen und vor allem fotografieren.

Nach einer inoffiziellen Umfrage in meinem Bekanntenkreis steht Neuschwanstein an erster Stelle. Direkt danach kommt eine gewisse »Romantische Straße«, ich habe aber keine Ahnung, wo die sein soll. Weltbekannt scheinen auch die »Märchenstraße«, die »Weinstraße« und die »Burgenstraße« zu sein. Gern gesehen sind auch hohe Heuhaufen neben Bauern, die mit Sensen ins Gras gehen. Geradezu ideal fürs Foto wäre eine tanzende Trachtengruppe neben einer munter plätschernden Wassermühle, am besten zusätzlich mit einer Fachwerk-Windmühle im Hintergrund. Ein riesiges Gewölbe voller schnauzbärtiger Männer und üppiger Frauen, die Bier aus Litergläsern trinken, dürfte die Reisegruppe ebenfalls in Entzücken versetzen. (Deutsche Polizisten tragen doch Pickelhauben?)

Die deutsche Tourismuswerbung unterstützt diese Sicht auf Deutschland natürlich noch. Beim Besuch des baden-württembergischen Ministerpräsidenten Günther Oettinger bekamen wir Journalisten ein Paket mit Infos über sein Bundesland in die Hand gedrückt. Obenauf eine Broschüre auf Japanisch: »Die Fantastische Straße.«

Deutschland genießt in Japan weiter einen guten Ruf – als Land der Korrektheit und Ordnung. Das machte mir vor allem ein junger Polizist klar, der in Tokio an einer Ecke stand und Knöllchen verteilte.

Kurz nachdem mein Navigationsgerät mich von der Autobahn heruntergelotst hatte, musste ich rechts abbiegen. Kein Auto war weit und breit zu sehen, und ich wechselte kurz vor der Ampel auf die Rechtsabbiegerspur. Ordentlich schaute ich nach Radfahrern und Fußgängern, aber da war nur eine der allgegenwärtigen Gestalten in Uniform mit Leuchtstab. Mit dem wedelte die Gestalt. Es war diesmal gar kein Parkanweiser, sondern ein echter Polizist, der mich wegen eines Vergehens aus dem Verkehr winkte.

Ich wollte zum Heranfahren links blinken, wusch aber stattdessen meine Rückscheibe. Das war mir schon länger nicht passiert, und ausgerechnet jetzt… In japanischen Autos sitzen Blinker und Scheibenwischhebel auf der falschen Seite. Der Polizist blickte interessiert auf meinen hinteren Scheibenwischer, der an diesem sonnigen und trockenen Tag wild hin und her fuhr.

Ich ließ das Seitenfenster herunter.

»Oh, ein Ausländer-Autofahrer… Können Sie… Kann ich…?«

»Japanisch ist okay«, sagte ich und schaute auf sein Namensschild. Der Polizist hieß Okuno.

»Sie kennen doch die gelben Linien?«, fragte er und zeigte auf die Streifen zwischen den Fahrbahnen vor der Ampel. Mir schwante etwas.

»Ja…«

»Da drüberzufahren ist gefährlich. Es könnte doch ein Taxi schnell von hinten angerauscht kommen«, erklärte er geduldig.

»Es gibt keine Entschuldigung für mein Fehlverhalten!«, sagte ich demütig. In Japan ist es üblich, sich bei der Obrigkeit zu entschuldigen.

»Darf ich mal den Führerschein des Herrn Autofahrers sehen? Und die Alien-Registrierungskarte?« Er warf einen Blick auf meine Karte. »Sie sind ja Deutscher?«

»Ja…?«

Er beugte sich ins Fenster und sah mich lange mit milden braunen Augen an. Enttäuscht, verletzt.

»Ich hätte nie gedacht, dass ein Deutscher eine Ordnungswidrigkeit begeht.«

Ich hatte schon gehofft, es werde bei der Ermahnung zu den Gefahren beim Überfahren der gelben Streifen bleiben. Doch nun holte er einen Formularblock heraus und füllte gleich mehrere Seiten sehr gründlich aus. Die Hälfte der Zeit stand er hinter dem Auto. Er ließ mich die Lesung meines Namens aufschreiben und fragte mich nach meiner Handynummer. Zwischendurch warf ich immer mal demütig Sätze ein wie: »Es tut mir leid. Es ist sehr gefährlich und verboten, über die Linie zu fahren. Es gibt keine Entschuldigung für meine Übertretung.«

Ich fürchtete schon, er werde mir den Führerschein abnehmen, denn ich hatte noch den grünen Anfängerstreifen auf der Plastikkarte. Eine kleine Übertretung reichte, und das Ding war weg. Der Polizist reichte mir nun das untere Ende des Formulars durchs Fenster.

»Hier bitte unterschreiben…«, sagte er, drückte seinen eigenen Bestätigungsstempel drauf und hielt mir die andere Seite des Stempelkissens hin. »…und dort den Fingerabdruck hinmachen.«

Ich blicke entsetzt.

»Bitte schwärzen Sie den Zeigefinger der linken Hand und machen Sie Ihren Fingerabdruck hier auf das Formular!«, sagte er plötzlich im Befehlston.

Ich schluckte, schwärzte den Finger und drückte ihn in das vorgesehene Feld. Er guckte missbilligend, ich hatte geschmiert.

»Sooo, das macht dann 6000 Yen, bitte bezahlen Sie den Vorgang mit diesem Formular bei einer Bank oder einem Postamt.«

6000 Yen waren 45 Euro. Für das Überfahren einer Fahrbahnmarkierung vor einer Ampel!

»Ich werde es bestimmt nicht wieder tun«, sagte ich.

»Und schön vorsichtig weiterfahren, wir stehen heute in dieser Gegend an jeder Ecke.«

Während ich die Scheibe hochgleiten ließ, hörte ich ihn noch mumeln: »Also wirklich, ein Deutscher, und fährt über eine gelbe Linie ...«

Harmlos bis es weh tut

oder

Verteidigung ist der beste Angriff

東京万華鏡 Durch den immer noch guten Zusammenhalt in der Gesellschaft ist Japan das sicherste unter den großen Ländern dieser Welt. Die Kehrseite des Segens ist jedoch die extrem konservative Gesellschaft, die ziemlich nerven kann.

In Japan ist Raub sehr selten, Morde kommen fast nicht vor, und wenn ich mal irgendwo meinen Fotoapparat liegen ließ, kam jemand hinter mir her gerannt und entschuldigte sich mit Verbeugungen dafür, mich mit der Rückgabe der Kamera zu behelligen. In der Landstadt Fukui hatte damals niemand die Tür abgeschlossen. Die Tokioter schließen zwar ab, doch selbst in den überfülltesten U-Bahnen klaut keiner einem das Portemonnaie aus der hinteren Hosentasche.

Die Erklärung für diese allgemeine Sicherheit ist eine Mischung aus einer intakten Gesellschaft und straffer Aufsicht durch die Polizei. Das umliegende Asien gilt den Japanern daher als Gebiet voller Gefahren, wo die Restaurants sie abzocken und sie vom Leitungswasser Durchfall bekommen. Deutschland hat dagegen einen unverschämt guten Ruf. Die Hausfrau Mutsuko Fukumitsu schrieb einer Zeitung als Antwort auf die Frage »Wo würden Sie sich – in einer perfekten Welt – nach der Pensionierung niederlassen?«:

»In Deutschland, weil es so ein sauberes und schönes Land ist mit viel Natur. Deutschland hat ein reiches Kulturleben, und wir können andere europäische Länder einfach mit dem Auto oder Zug erreichen.«

Danke, Fukumitsu-san!

Obwohl: sauber? Deutsche Städte wirken zwar aufgeräumter als japanische, schon weil keine Oberleitungen vor den Häuserfronten hängen und die höhere Macht der Bauaufsicht auf ein einheitliches Stadtbild achtet. Aber sauberer?

In der Megametropole Tokio glänzen alle U-Bahn-Scheiben durchsichtig und klar. Auch wer ganz genau hinguckt, entdeckt keine Kratzer. Die Sitze sehen auch in den älteren Wagen noch aus wie neu. Auf dem Fußboden liegt kein Fetzchen Taschentuch, und durch den Wagen rollt kein Kaffeepappbecher. Niemand verschüttet Cola, und keiner spritzt sich Heroin. Da sieht es in Deutschland anders aus, oder?

Im japanischen Gegenstück zu den *Tagesthemen* kam mal ein Beitrag über eine Mittelschule in Hokkaido, an deren Außenwand jemand »beleidigende und obszöne Ausdrücke« mit »schwarzer Farbe aus einer Spraydose« gesprüht hatte. Die Bilder zeigten allerdings nur eine makellos gelbe Schulwand, weil der Hausmeister die Untat schon in den frühen Morgenstunden überstrichen hatte. »Es lässt sich nicht ausschließen, dass einer unserer Schüler der Täter war«, sagte der Schulleiter. An einem anderen Tag kam groß die Nachricht, dass der »Dosenstehenlasser« gefasst sei. Das betraf einen Oberschüler, der beim Austragen der Zeitung in den Morgenstunden immer leere Getränkedosen am Straßenland hatte stehen lassen, statt sie korrekt zur Entsorgung zu geben. Auch hier zeigte das Fernsehen die Entrüstung der Anwohner über so viel Verkommenheit. Was würde Japan mit einer Neuköllner Hauptschule anfangen? Schon ein Graffiti und etwas stehen gelassener Müll füllen hier viele Sendeminuten voller Betroffenheit und der Suche nach den Ursachen – da sind Probleme, wie sie einige Berliner Hauptschulen kennen, gar nicht vorstellbar. Sie würden in den Augen der Japaner wohl den Untergang des Morgenlandes bedeuten.

Damals in Fukui war mal mein Fahrrad verschwunden. Ich kam mit Akiko aus einer Izakaya, da stand es nicht mehr dort, wo ich es abgestellt hatte. Gestohlen, dachte ich, und zog mit Akiko zur Polizeibox, wo sich der Wachtmeister stellvertretend für ganz Japan bei mir entschuldigte.

Am nächsten Tag rief mich die Polizei an, sie habe mein Fahrrad wiedergefunden und den Dieb gestellt. Ich zog zur Polizeiwache, und tatsächlich bekam ich dort mein Rad wieder.

Es war gar nicht gestohlen gewesen. Ein Büroangestellter hatte es sich volltrunken geliehen, um nach Hause zu fahren. Am nächsten Morgen schimpfte ihn seine Frau aus und schickte ihn zur Polizei, um das Rad zurückzubringen. So sieht Fahrraddiebstahl in Japan aus.

Schon als ich zum ersten Mal am Flughafen Narita ankam, fiel mir die sanfte Art der Japaner auf. Die direkten Nachbarn in China und Korea streiten und schimpfen gerne. Sie wirken selbst auf Deutsche zuweilen pampig und direkt.

Ich denke manchmal, die defensive Art der Japaner könnte etwas mit der Geschichte des Landes zu tun haben. Wolkigpoetischen Erklärungen aus dem Dunst der Historie heraus misstraue ich zwar (und Japaner lieben sie über alles), doch es ist offensichtlich nicht ohne Spuren für die Japaner geblieben, dass sie bis 1868 von einem waffenstarrenden, arroganten und wahnsinnig gefährlichen Kriegeradel beherrscht wurden – wir nennen sie heute im Westen die Samurai. Diesen Herren gegenüber erschien es weise, sich ein wenig demütig zu verhalten. Als die Samurai im 19. Jahrhundert ihre Macht verloren, manövrierte sich eine neue zivile Elite in die freien Machtpositionen. Geblieben ist aber ein Erbe des vorsichtigen, tastenden Umgangs miteinander und mit den Autoritäten. Der Kriegeradel durfte vorher straflos köpfen, wer ihn schief ansah. Unter solchen Umständen trat wohl keiner so richtig forsch auf. Und dabei ist es dann auch geblieben.

Wenn ich Kenji deutsch-großspurig-wichtig etwas erzählte, was er längst besser wusste, dann machte er erst mal die berühmten Laute des Erstaunens: »Ah, ja, ja, ah…« Manchmal klingt er dabei wie Johannes B. Kerner, wenn ihn das Schicksal eines Gesprächspartners besonders betroffen macht.

Ich sagte zum Beispiel: »Dass die Tokioter immer ihren rechtsradikalen Gouverneur Ishihara wiederwählen, zeigt doch, dass sie grundsätzlich erzkonservativ eingestellt sind. Deutsche Großstädte tendieren dagegen eher nach links.«

»Mhhh. Ahhhh. Jaaa.« – Pause.

Dann nickte er. Mehrmals. Neue Pause. So war es schon beim ersten Mal gewesen, damals, als ich von den Trauben noch die Schale mitgegessen hatte.

»Jaja, so ist es sicher.« – Jetzt heuchelte er einen neuen Gedanken, eine plötzliche Idee, die hervorzubringen bis eben gedauert hatte: »Aber sag mal…«, begann er und teilte mir dann meistens mit, dass ich total danebenlag. »Die Leute wählen Ishihara aus purem Mangel an Alternativen, und sie mögen seine klare und lebhafte Art. Das heißt noch lange nicht, dass sie seinen Ansichten über Chinesen, Verteidigungspolitik oder die Rolle der Frau zustimmen.« Er erklärte mir, dass Ishihara mit 24 Jahren den höchsten Literaturpreis des Landes gewonnen habe und auch als Theaterregisseur bekannt geworden sei – er sei also aus Sicht der Leute einfach keine so tumbe Nuss wie die anderen Politiker. »Die Tokioter mögen ihn nicht wegen, sondern trotz der gelegentlichen Entgleisungen«, sagte Kenji.

Die japanische Kommunikation tastet sich also vorsichtig von hinten an den Widerspruch gegen das bereits Gesagte heran. Die Gegenrede kommt erst nach einem großen Bogen von scheinbarer Zustimmung. Wenn sie überhaupt ans Tageslicht darf und der Japaner sich nicht einfach nur seinen Teil denkt.

Generell sieht dadurch der Diskussionsstil anders aus. Ich war ein halbes Jahr lang Mitglied einer Kommission des Erziehungsministeriums zur Bewertung einer Berufsbildungseinrichtung, dem »Haus der Berufe«. Die Teilnehmer diskutierten erstaunlich wenig bissig. Nie sagte ein Mitglied zu seinem Vorredner: »Ich glaube, da liegen Sie völlig falsch…«, oder dergleichen – die Redebeiträge begannen über die Parteigrenzen und verschiedenen Ansichten hinweg mit freundlichem Gegurre. Zum Schluss fand sich auf wunderbare Weise ein Konsens, mit dem alle glücklich waren.

Eine meiner Lieblingsfiguren in der japanischen Geschichte ist ein cleverer Reishändler und Bankier, der im 18. Jahrhundert in Osaka wohnte. Er gehörte zur unteren Schicht der Gesellschaft, wurde aber durch geschickten Umgang mit den Samurai-Fürsten steinreich. Als gebildeter Händler fand er Wege zu kriegen, was er wollte – und zwar eben nicht, indem er sich hinstellte und es direkt forderte. Auch nicht, indem er offen und klar die Wahrheit sagte, dem Allheilmittel für alle nur erdenklichen sozialen Situationen in amerikanischen Filmen. Sondern durch kleine Vorschläge, die sich zu einem vorteilhaften Ganzen fügten. Damals ließ der Shogun sich Reis als Steuer aus dem ganzen Land liefern. Der Händler aus Osaka erbat sich das Recht, den Inhalt der Schöpfkellen an den Prüfstationen behalten zu dürfen. Es reihten sich eine Menge Prüfstationen auf dem langen Weg in die Hauptstadt. Der Prüfreis wurde zu einer ergiebigen Einnahmequelle für den Händler.

Heute müssen die Japaner keine Angst mehr vor einem Feudalherrscher haben, und trotzdem gehen sie noch sehr behutsam miteinander um. Das Wort »sanftmütig« trifft es am besten: yasashii. In Umfragen sagte eine Mehrheit der jungen Frauen, sie wünsche sich ihren Partner yasashii. »Sanft« ist wichtig.

In der deutschen Presse habe ich den Fall eines Rentners verfolgt, den ein Gericht lebenslänglich hat einsperren lassen. Der 66-Jährige hat seine drei Gartennachbarn mit einem Knüppel erschlagen, weil sie offenbar ihren Müll nicht richtig weggeworfen hatten. Zwar ein ziemlicher Extremfall, aber im Kern nicht ganz untypisch für den Umgang miteinander – fand ich. Laute Worte oder rohe Gewalt nur aus Rechthaberei kommen in Japan dagegen praktisch nicht vor. Die meisten Japaner verhalten sich insgesamt viel weniger aggressiv als Deutsche. Sie zeigen bei weitem keine so gewaltbereite Körpersprache. Einmal habe ich erlebt, wie es in einer Izakaya knallte und zwei Besoffene aufeinander losgingen. »Hey, ihr belästigt andere Gäste!«, rief der Chef des Ladens. Zu meinem Erstaunen ließen sie sofort voneinander ab. Der eine drehte sich zu unserem Tisch um und verbeugte sich. »Bitte verzeihen Sie die Belästigung!«

Auch sonst wirkt Japan insgesamt ziemlich harmlos. (Das gilt jedenfalls, solange einer sich nicht mit der Mafia anlegt.) Nach fünfzehn Jahren der Beschäftigung mit der japanischen Sprache hielt ich die Zeit für gekommen, auch mal ein paar schmutzige Schimpfwörter zu lernen. Ich fragte Tsuyoshi nach Flüchen, so richtig von der Straße.

»Chô-Beriba«, sagte er und erklärte mir das Zustandekommen. »Beriba« steht für »very bad«, und »chô« ist eine japanische Vorsilbe für »extrem«.

»Tsuyoshi, ihr müsst doch auch etwas richtig Schmutziges haben.«

Er überlegte. »Ich hab's, aber du musst versprechen, es nicht zu benutzen. Als Ausländer kannst du die Wirkung nicht einschätzen.«

»Sag's einfach.«

»Kimoi.«

»Ist das alles? Das heißt doch einfach nur: fühlt sich schlecht an.«

»Du kennst das?«

»Bitte, es muss doch irgendein wirklich … unanständiges Wort geben auf Japanisch.«

Tsuyoshi schlug noch vor: »urusai« und »shitsukoi«, die beide auf Deutsch heißen »du nervst«. Dann rückte er noch heraus mit »shineba ii«, was bedeutet: »Stirb doch«. Das ist zwar knallhart, aber auch nicht fäkal oder sexuell, wie wir die Schimpfworte im Westen lieben.

Ich gab auf. Die Japaner kennen einfach noch nicht mal zünftige Schimpfworte vor lauter Harmoniesucht.

Die Sicherheit, die das Land bietet, hat allerdings eine Kehrseite: Japans knallharte Justiz. Im Kleinen wehrt der Staat durch vergleichsweise harte Strafen den Anfängen. Im Großen schafft er durch eine hohe Zahl von Verurteilungen die Illusion, dass alle Missetaten früher oder später herauskommen.

Zwar urteilt die Justiz grundsätzlich unabhängig. Doch die eine oder andere Nachricht irritiert mich ziemlich. Da ist beispielsweise der Richter, der Reue über ein Todesurteil zeigt, das er seit dreißig Jahren für falsch hält. Der Verurteilte sitzt allerdings immer noch in der Todeszelle. Ein Tokioter Justiz-Kenner sagte mir, Japans Richter fühlen sich nicht als Gegengewicht, sondern als Teil des Systems und stützen nach Möglichkeit den Staat. Klagen vor dem Obersten Gericht gegen Gesetze seien meist aussichtslos. Die Richter fällen so gut wie nie Urteile, die die bestehende Ordnung in Frage stellen.

Die Aufklärungsquote von Kriminalfällen liegt in Japan deutlich über 90 Prozent. In Deutschland liegt die Gesamtaufklärungsquote laut Bundeskriminalamt bei 55 Prozent. Entweder sind also Japans Polizei und Gerichte um ein Vielfaches erfolgreicher als die deutschen oder in Japan sitzen mehr Unschuldige im Knast. Meiner Meinung nach stimmt von beidem etwas.

Richter außer Dienst Norimichi Kumamoto bereut. Er ist heute 70 Jahre alt. Schon 1968 gab er seine Karriere auf – nur wenige Monate nachdem er in einem Mordprozess dem vorsitzenden Richter zugestimmt hatte, einen Mann in die Hinrichtungszelle zu schicken. Die Kammer verurteilte damals den Profiboxer Iwao Hakamada wegen Mordes zum Tode. Im März 2009 ging Ex-Richter Kumamoto in einer Pressekonferenz an die Öffentlichkeit, um das Unrechtsurteil zu kritisieren.

Die angebliche Mordwaffe im Fall Hakamada war einem Gutachten zufolge zu klein, um die tödlichen Wunden verursacht zu haben. Der angebliche Fluchtweg des Boxers war der Verteidigung zufolge versperrt. Später aufgefundene Kleidung mit Spuren vom Tatort war dem Angeklagten zu klein.

Richter Kumamoto war damals dennoch dem Urteil des vorsitzenden Richters gefolgt, der sich allein auf das Geständnis stützte. Und das obwohl die Anwälte Hakamadas vor Gericht angeführt hatten, dass die Polizei den Angeklagten 21 Tage lang täglich länger als zwölf Stunden intensiv verhört habe, bis er schließlich fiebrig und erschöpft ein vorgefertigtes Dokument unterschrieb. Eine Menschenrechtsorganisation und ehemalige Boxkollegen versuchen seit 28 Jahren, Hakamada wieder freizubekommen, doch Anträge auf ein neues Verfahren hat der Apparat stets abgelehnt. Das Argument: Ein unterschriebenes Geständnis räumt alle Zweifel aus.

Japans Polizei kann Verdächtige 23 Tage in den engen

Zellen der Polizeistationen behalten und sie nach der Entlassung sofort wieder festnehmen. Der Jurist und Menschenrechtsaktivist Katsuhiko Nishijima sagt, nach pausenlosen Verhören in sogenannten Hilfsgefängnissen würden selbst charakterstarke Unschuldige ein falsches Geständnis unterzeichnen.

Viel Aufsehen erregte der Fall von Toshikazu Sugaya, der von 1993 bis 2009 wegen Mordes an einem kleinen Mädchen saß. Er war seinerzeit mit einer frühen Version von DNA-Tests überführt worden – zu Unrecht. Eine neue Untersuchung der genetischen Spuren hat belegt, dass Sugaya nicht am Tatort gewesen war. Das Gericht musste sein Urteil wieder aufheben, der Busfahrer ist heute frei.

Solche Nachrichten gehen auch an der Justiz nicht spurlos vorbei. Im Februar 2008 weigerten sich die Richter in einem Korruptionsprozess, Geständnisse von sechs Angeklagten zu akzeptieren. Die Polizei hatte einen von ihnen für insgesamt 395 Tage in Untersuchungshaft gehalten und ihnen gedroht, dass die Arbeitsplätze ihrer Kinder in Gefahr seien, wenn sie kein Geständnis ablegten. Die Richter bewiesen zur Abwechslung mal richtig gesunden Menschenverstand: »Wir hegen daher Zweifel an der Verwertbarkeit dieser Geständnisse.« Doch häufig arbeiten Gerichte und Polizei immer noch gut zusammen, um den angeblich Schuldigen zuverlässig hinter Gitter zu bringen.

Wer es nicht mit der Polizei zu tun bekommt, lebt im Land des Lächelns so sicher wie nirgendwo sonst und genießt alle erdenklichen persönlichen Freiheiten. Ich habe für mich den Schluss daraus gezogen, alles so korrekt wie möglich anzustellen, um gar nicht erst in die Mühlen des Systems zu geraten. Auch wenn mich mein Nachbar also vermutlich nicht erschlagen wird – ich werfe keine Dosen zum brennbaren Müll und setze im örtlichen Schwimmbad wie vorgeschrieben eine Badekappe auf.

Um vorweg eines klarzustellen: Auf japanischem Boden habe ich nie Cannabis besessen oder geraucht. Das ist wichtig. Sonst könnte die japanische Drogenpolizei am Tag der Veröffentlichung dieses Buches durch meine Tür stürmen und mich für zehn Jahre ins Gefängnis stecken. Denn zur guten Ordnung in Japan gehört auch ein strenger Umgang mit Drogen.

Die Polizei hat beispielsweise völlig überreagiert, als der Pop-Star Tsuyoshi Kusanagi sich nachts um drei Uhr in einem Park nackt auszog. Den Beamten rief er fröhlich entgegen: »Was ist schon dabei, nackt zu sein?« Sie nahmen ihn wegen öffentlichen Sittlichkeitsvergehens fest, obwohl niemand sonst im Park war. Die Polizei schnitt ihm eine Haarlocke für einen Drogentest ab. Während der Popstar mehrere Tage in einer Zelle saß, durchsuchten sie sein Appartment. Als klar war, dass Kusanagi sich nur an Reisbranntwein berauscht hatte, ließ die Polizei ihn wieder frei. Der Ruf seiner Band, der gealterten Boygroup Smap, war jedoch daraufhin angeschlagen. Firmen strichen Werbeaufträge, und ein fertiger Film mit Kusanagi als Schauspieler kam vorerst nicht ins Kino. So nervös ist Japans Obrigkeit, selbst wenn es um die harmlosesten Drogen geht.

Im Fernsehen lief einmal eine Magazinsendung mit einem Beitrag über die erschreckende Verbreitung des Kiffens unter japanischen Studenten. Keio-Universität: ein Student hatte Hasch geraucht. Hosei-Universität: zwei solcher Fälle. Und jetzt sogar die Waseda-Universität: ebenfalls zwei Fälle. Die Fernsehbilder waren unterlegt mit gruseliger Musik.

Der Präsident der Waseda-Univsersität erklärte: »Die betreffenden Studenten haben sich über das Internet zehn Samen der Hanfpflanze beschafft und sie zu Hause angebaut. Dann haben sie die daraus entstandenen Pflanzen als Rauschmittel missbraucht. Wir entschuldigen uns mit voller Aufrichtigkeit für den Schaden, den wir in der Öffentlichkeit verursachen!« Dann verbeugte sich der Mann fast bis zum Boden. Links und rechts standen die Dekane und verbeugten sich mit.

Kurz zuvor war ein Student der bekannten Privatuni Keio drei Tage lang Top-Thema der Hauptnachrichten und der ersten Seiten der Zeitungen gewesen. Die Polizei hatte ihn festgenommen, weil er einen Joint geraucht und fast zwei Gramm Haschisch an einen Kommilitonen verkauft hatte. Die Sendungen überschlugen sich in Empörung über den Grad an Verkommenheit, den die einst so renommierte Institution der Bildung erreicht hatte. Die Karriere des jungen Mannes war ruiniert, bevor sie angefangen hatte. Ich konnte die Leute seitdem mit der Gruselgeschichte faszinieren, dass dieselbe Menge Hasch in Deutschland praktisch als legal durchgegangen wäre.

Bei allen Haschisch-Skandalen gab es eine Gemeinsamkeit. Die Beschuldigten sagten im Fernsehen den Satz: »Ich habe das Zeug von einem Ausländer gekauft.« Das war absolutes Pflichtinventar der Berichterstattung, egal ob russische Sumo-Ringer oder Studenten der Keio-Universität. Mir war es recht. Es machte uns Ausländer für die Japaner interessanter, gefährlicher und verwegener. Wenn ich erzählte, dass ich als Teenager an Joints gezogen hatte, erntete ich sehr, sehr langgezogene Laute des Erstaunens.

Ein Psychologe erklärte im Fernsehen, welche schwerwiegenden Folgen das Kiffen haben kann: »Die jungen Leute haben fast kein Problembewusstsein. Es folgt unausweichlich eine Spirale von Sucht und Verwahrlosung. Wenn das so weitergeht, ziehen bei uns noch westliche Verhältnisse ein!«

Europäische Verhältnisse, ja, die müssen Japans Politiker um jeden Preis verhindern. (Das erinnert mich an die Infobroschüre zur Check-up-Untersuchung in meinem örtlichen Krankenhaus: »Wegen der Europäisierung-Amerikanisierung unserer Essgewohnheiten steigt derzeit auch in unserem Lande die Zahl der Herz- und Gefäßerkrankungen steil an.«) Und jetzt auch noch Hasch. Der Experte im Fernsehen hatte vermutlich keine Ahnung, wie unfassbar astronomisch weit Tokios Drogenproblem noch von dem Amsterdams oder Berlins entfernt ist. Oder er wusste es eben doch, aber Japan wehrt den Anfängen.

Zugleich zeigt sich hier wieder die Klassengesellschaft, in die Japan inoffiziell geteilt ist. Mein Gewährsmann aus dem realen Japan (anders als sonst sage ich jetzt nicht, wer) versicherte mir: »Als wir in der Oberschule waren, hatte ein Mitschüler immer was zum Rauchen. Und in meiner Zeit als Skater in Shibuya waren Drogen immer leicht zu kriegen.«

Mein Gewährsmann hatte so etwa mit 18 Jahren eine Phase, in der er mit seinem Skateboard in Shibuya herumhing, Mädchen nachstellte und die Nächte in Technoclubs verbrachte. Diese Japaner sind nicht nur mit dem Kiffen vertraut, sondern auch mit allen anderen weichen Drogen.

Doch das wahnsinnige Prestige der guten Unis machte die rauchenden Studenten zum Medienthema. Wenn ein Unterklassekind mal kiffte, ging das noch. Aber ein Waseda-Student hat ein Elite-Ticket in der Tasche. Diese Uni ist für normale Eltern fast nicht bezahlbar. Da erwartete die Gesellschaft angepasstes Verhalten. Wer mit dem Dünkel des Waseda-Absolventen rumlaufen wollte, musste anderswo verzichten.

Das hatten auch zwei russische Sumo-Kämpfer nicht kapiert. Sie schieden aus ihrem Stall aus, nachdem die Polizei ihnen Cannabiskonsum nachweisen konnte. Vor den Kameras der Journalisten traten die beiden so reuig auf, als hätten sie jahrelang minderjährige Mädchen zum Crack-Rauchen gezwungen. Dabei gaben sie nur an, auf Heimaturlaub in Russland mit Freunden Gras aus einer kleinen Pfeife geraucht zu haben.

Als Mitteleuropäer bin ich immer etwas hin und her gerissen. Einerseits erscheinen mir die strengen Strafen spießig und übertrieben. Eine liberale Cannabispolitik gehört für uns irgendwie zur freiheitlichen Grundhaltung. Doch die Sicherheit in Japan wissen alle zu schätzen, die es hierher verschlägt. Auch Frauen können sich nachts allein um einiges ungefährdeter durch dunkle Unterführungen trauen als beispielsweise in europäischen Ländern. Die Gier nach dem nächsten Schuss löst eben doch einen guten Teil der Kriminalität im Westen aus.

Japaner zeigen sich ihrerseits etwas naiv, wenn sie von ihren schönen Inseln aus woandershin fliegen. Als ich einen japanischen Geschäftsmann in meinem Alter beim Umsteigen durch den Frankfurter Hauptbahnhof lotste, fragte der mit dem Seitenblick auf eine der Gestalten am Boden: »Der Mann da, das ist sicher ein Diabetiker, der sich Insulin spritzt?«

Die Weltmetropole Tokio zeigt sich auch im Kleinen obrigkeitstreu. Akiko und ich liefen abends nach einem Kunstereignis in Richtung des Bahnhofs Shinagawa, als vor uns eine völlig vereinsamte Fußgängerampel auf Rot schaltete. Wir blieben stehen und warteten sehr, sehr lange auf Grün, während kein Auto zu sehen war, geschweige denn ein Polizist. Akiko machte keine Anstalten, einfach rüberzugehen. Neben uns warteten ebenso gefügig noch zwei angetrunkene Büroangestellte. Die Bewohner Tokios gehen nur selten bei Rot über die Ampel. Tsuyoshi hatte von einem Bewerbungsgespräch erzählt, bei dem eine Frage lautete: »Gehst du bei Rot über die Kreuzung?« Er hatte wahrheitsgemäß geantwortet: »Ja, manchmal«, und war nicht genommen worden. »Das lag todsicher an dieser Psycho-Frage. Die haben gedacht, wer bei Rot über die Ampel geht, erschlägt auch während der Überstunden den Prokuristen.«

Der G8-Gipfel der Regierungschefs reicher Länder tagte 2008 in Hokkaido. Ich recherchierte vorher zur japanischen Prostestbewegung – und fand keine.

Als Journalist hatte ich auf Krawalle wie zuvor in Genua oder Rostock gehofft und wurde enttäuscht. Eine Demo, die ich mir vor dem Gipfel in Sapporo ansah, wirkte eher skurril und liebenswürdig denn gefährlich. Da marschierten einige Leute von der Gewerkschaft mit, zwei Vertreter der Ureinwohner, ein Kommunist, drei betrunkene Punks und ein junger Mann vom schwul-lesbischen Studentenclub, der sich während der Demo immer ein DIN-A4-Blatt mit seinen Forderungen vors Gesicht hielt, um nicht erkannt zu werden.

Mit einem aus der Gruppe anarchistischer Punks war ich vor der Demo ein wenig ins Gespräch gekommen. Yoh, 31 Jahre alt, Haare in alle Richtungen gesprayt, Patronengürtel, war mir wegen des deutschsprachigen Aufnähers auf der Lederjacke aufgefallen: »Gegen Nazis«. Yoh war der gleichberechtigte Anführer von vier Anarchisten, die hier die »globale Auflösung aller Staatsordnung« forderten.

»Gegen G8! Gegen Armut! Gegen Ausbeutung!« Bei der Demo liefen nur 15 Leute mit, sie war jedoch von 40 Polizisten in dunkelblauen Uniformen bewacht. Die Beamten kamen aus dem 1300 Kilometer entfernten Hiroshima. Sie wirkten nicht ganz glücklich damit, in der Juni-Hitze in einer fremden Stadt um die Störer herumlaufen und den Verkehr regeln zu müssen. Auch die Passanten konnten dem Protest wenig abgewinnen, zumal Yoh nach einigen Bier seine Sprüche ziemlich laut brüllte: »Gegen alles! Verdammte Scheiße, alles.«

»Ich weiß nicht, ob dieser G8-Gipfel was bringt, aber diese Demonstranten stören nur die Anwohner und blockieren den Verkehr«, diktierte mir am Wegesrand ein junger Angestellter in den Block. »Können die nicht friedlicher demonstrieren?« Generell sind jungen Japanern die Globalisierungsgegner suspekt. »Ich würde nie im Leben Attac oder so beitreten, auch nicht aus Spaß, das wäre bloß ein Riesenminus in der Firma«, sagte Kenji.

So denken viele. Denn aufmüpfig zu sein macht sich in Japan nicht bezahlt.

In den Sechzigerjahren lieferten sich die Studenten in der Tokioter Innenstadt noch Straßenschlachten mit der Polizei. Heute wäre das undenkbar, die junge Generation interessiert sich praktisch nur noch für Mode und Essen. Brennende Autos wie am ersten Mai in Berlin? In Japan undenkbar. Die Gesellschaft erlaubt nur wenig Abweichung vom normalen Lebenslauf, eine aufmüpfige Phase gesteht die Gesellschaft den jungen Leuten nicht zu. Die Staatsmacht greift sofort durch, wo sich Protest regt. Ein entfernter Bekannter von mir, der 30-jährige Terumasa Uchida von der »Kommunistischen Allianz für die Revolution«, saß sieben Monate in einer Siebenerzelle mit echten Kriminellen – er hatte demonstriert, wo demonstrieren verboten war. »Vorher haben die Polizisten mich 23 Tage lang von morgens bis abends verhört«, erzählt er. »Sie haben versucht, Druck auf mich auzuüben. Sie haben gesagt, meine Eltern machten sich Sorgen, weil sie aus der Haft nichts von mir zu hören bekommen.« Er habe sich jedoch auch von den Psycho-Drohungen nicht unterkriegen lassen.

Uchida arbeitet professionell als Revolutionär. Normale Bürger engagieren sich dagegen kaum in Parteien, Organisationen oder Vereinen. Ein Politikwissenschaftler erklärte mir das Phänomen. Protest gelte als individualistisch, und Individualismus verwechselten die Japaner mit Egoismus, der wiederum überhaupt nicht gut ankommt. Greenpeace zählt in Deutschland über eine halbe Million Fördermitglieder. In Japan sind es weniger als 5000.

So sicher und sauber Japan oberflächlich wirkt – dahinter versteckt das Land eine Reihe von ernsten Problemen. Auf der Durchreise bekommen Besucher noch am ehesten etwas von dem stetig wachsenden Heer der Obdachlosen mit. Am Bahnhof Shibuya müssen die Fußgänger immer mehr Pappkartons ausweichen, in denen Menschen wohnen. In einer Unterführung an der Ostseite nisten besonders viele von ihnen, weil Ventilatoren hinter schwarz verkrusteten Gittern die warme Abluft des Kaufhauses Tokyu hier hineinblasen. Unter den Kartons sind braunfleckige alte Decken zu erkennen, in die sich die Bewohner einwickeln. Auf den Kartons liegen Plastikplanen, um sie etwas mehr gegen das schleimige Wasser abzudichten, das von den Gleisen herabtropft. Nur wenige Meter weiter auf einer Fußgängerbrücke zelten weitere Clochards. Auch sie stapeln ihre wenigen Habseligkeiten in Kartons um sich. Seit der Wirtschaftskrise sitzen ganz offensichtlich mehr Leute auf der Straße als vorher.

Meine Bekannte Petra war bei ihrem Besuch erstaunt gewesen, als sie die ersten Obdachlosen gesehen hatte. Geblendet von der Pracht der Ginza und der Schönheit der Gärten hatte sie Tokio solche Armut gar nicht zugetraut.

Für Recherchen versuchte ich, näher an Japans Arme heranzukommen. Dabei half mir ein Journalist von Nippon Television, der Filmbeiträge zu diesem Thema machte. Fast alle der Armen reagierten überraschend offen auf den deutschen Journalisten. Die Benachteiligten fühlen sich von der Gesellschaft wenig beachtet. Aufmerksamkeit aus dem Ausland kann da nur nützen. Der TV-Journalist stellte mich einem ehrenamtlichen Sozialarbeiter vor, der Ken hieß. Mit

Ken ging ich durch die »Slums von Minami Senju«, wie die Medien das Ufer des Sumida-Flusses bereits nennen.

Wenn Japaner einen Slum bauen, dann stehen die Papphütten in Reih und Glied auf parallel ausgerichteten Holzpaletten, sie sind ordentlich mit blauen Planen abgedeckt, und der Polizist an der Straßenecke kennt die Namen der Bewohner. Die Obdachlosen ziehen ihre Schuhe aus und stellen sie penibel mit den Spitzen nach außen vor die Kante ihrer Holzpalette, bevor sie ihr Heim betreten. Das beruhigte mich ungemein: Die Japaner halten auch hier alles gut organisiert. Ken und ich hockten uns unter einer Brücke neben einen Mann mit einem weißen, struppigen Bart. Er lehnte auf einer Picknickmatte an der Betonwand. Vor sich hin streckte er seine Beine in einer alten Cordhose mit gelb verkrusteten Flecken. Er trug an einem Fuß eine löchrige Socke. Am anderen Fuß trug er gar keine, doch der Fuß war so schwarz vor Dreck, dass er fast genauso aussah wie der mit Strumpf.

Der Obdachlose hieß Matsui-san. Er war nicht mehr ganz richtig im Kopf, aber er erzählte gerne von früher, als er noch ein Angestellter gewesen und jeden Morgen im Anzug mit Krawatte ins Büro gefahren war. Seine Firma war vor zehn Jahren pleite gegangen. Sein Lebensinhalt war weg, er hatte es im Bein und litt an Schizophrenie, erzählte er und kratzte sich immer wieder an einem Ekzem am Hals. Seine Frau zog mit den Kindern aus. Matsui-san fing schon morgens an zu trinken, konnte die Miete nicht bezahlen, irrte durch Tokio und baute sich irgendwann seine erste Papphütte.

»Mein Nachbar hier, der hat es gut«, sagte er und zeigte auf den nächsten Karton einige Schritte weiter. »Der hat sogar einen Aushilfsjob und verdient 150 000 Yen im Monat.«

Das sind etwa 1200 Euro – ein Betrag, mit dem ein Bewohner Berlins problemlos einen Monat lang über die Runden kommt –, in Tokio viel zu wenig für ein würdevolleres Leben. Von dem Luxus-Obdachlosen waren jedoch nur die Beine zu sehen und ein Schnarchen zu hören.

Über Bekannte von Bekannten lernte ich auch Leute kennen, die noch nicht richtig auf der Straße saßen, aber schon einigermaßen tief unten angekommen waren. Ich verbrachte einige Nachmittage im Gemeinschaftsraum eines Gästehauses, dessen Bewohner mich dann irgendwie tolerierten. »Guest Houses«, Gesuto Hausu, vermieten winzige Zimmer mit Fernseher und Internetzugang an Leute, die in Billigjobs schuften oder sonst wie nur wenig von echter Not entfernt sind. Nach und nach lernte ich fast alle der jüngeren Bewohner und ihre Nöte kennen. Tsuyoshi, 24 Jahre alt, lachte viel und erzählte besonders anschaulich aus seinem Leben. Ich machte ihn zum Thema einer Reportage. Er bezeichnete sich als »Freeter«, das steht für »Free Arbeiter« – Billigjobber ohne Festanstellung und richtige Wohnung.

Bevor Tsuyoshi ins Guest House eingezogen war, hatte er mal da, mal dort geschlafen. »Wenn das Geld auch fürs Internetcafé nicht gereicht hat, bin ich im Park geblieben und ging frühmorgens zu McDonald's. Mit einem Frühstücksset für 500 Yen habe ich mich dann noch zwei Stunden ausgeruht und den Kopf auf die Tischplatte gelegt.«

Immerhin, für 500 Yen musste er fast eine Stunde arbeiten. Ob McDonald's einen nicht rausschmeißt?

»Nein, viele von denen haben ein Herz. Einmal, das war ganz lustig, hatte ich einen Job bei McDonald's in Shinjuku, aber keine Wohnung. In der Zeit habe ich mich in der nächsten Filiale an der Chuo-Straße ausgeruht und bin dann zum Jobben wieder in die Shinjuku-Straße rübergegangen. Klar habe ich als Angestellter an der Chuo-Straße die Schnarcher auch ewig in Ruhe schlafen lassen.« Er lachte laut über die eigene Geschichte.

Als wir dieses Gespräch führten, ging es Tsuyoshi ganz gut. Er arbeitete bei einer Buchhandelskette und konnte sich weiter das Zimmer bei der Kette »Tiger House« im Stadtteil Kanda für weniger als 400 Euro im Monat ganz gut leisten. Seine Aussicht auf eine Vertrags- und dann Festanstellung zerschlug sich allerdings mit Beginn der Wirtschaftskrise. Er verlor den Job und arbeitete dann wieder in einem Convenience Store. »Ich mache ständig Schichten zwischen 22 Uhr abends und sechs Uhr morgens. Eine richtige Unterkunft brauche ich fast nicht mehr«, scherzte er. Seine Mitbewohner im Guest House waren ebenso respektable Menschen. Sie redeten sich gegenseitig mit ihrer Zimmernummer plus »san« an. Das Mädchen neben Tsuyoshi, 201-san, hatte einen Bachelor von einer guten Uni und sogar wie Akiko in den USA studiert. Doch sie fand in der Krise keinen Job. Ähnlich ging es 304-san, dem Jungen vom Stockwerk drüber. Er hatte ebenfalls einen Uni-Abschluss, seine Firma hatte jedoch seinen befristeten Anfängervertrag schon zu Beginn der Wirtschaftskrise nicht verlängert. Wenn selbst Uni-Absolventen auf dreieinhalb Quadratmetern mit Münzdusche wohnten und keinen Job fanden, dann sah es für Tsuyoshi schwierig aus. Die ungefähr gleichaltrigen Bewohner Anfang zwanzig standen öfter am Treppenabsatz zusammen und klönten über den Arbeitsmarkt. Andere Bewohner dieser Filiale von

»Tiger House« redeten dagegen nicht miteinander. Der Salary Man mit der Zimmernummer 407 zog sich eher zurück. »407-san geht jeden Morgen im Anzug aus dem Haus«, sagte 304-san bei einer Zusammenkunft auf dem Treppenabsatz. »Aber geht er auch zur Arbeit?«

»Schscht«, machte 201-san. »Du bist unhöflich! Du weißt doch, wie dünn unsere Türen sind.«

Auch Tiger House wirkte komplett sauber und ordentlich, und alle hielten sich an die zahllosen Regeln, die im Erdgeschoss angeschlagen standen.

Viele japanische Sozialfälle nehmen sich das Leben. Mir scheint es fast so zu sein, dass die Gesellschaft ein wenig damit rechnet, die Leute, die nicht hineinpassen, würden sich auf diese Weise selbst entsorgen. Im Jahr 2008 haben sich in Japan 32 249 Menschen umgebracht. Im weltweiten Selbstmord-Ranking der OECD liegen Japans Frauen auf Platz zwei, und insgesamt kommt das Land auf den dritten Platz nach Korea und Ungarn. In der Tokioter U-Bahn hängen zwar Poster der Stadtregierung: »Wenn du nicht mehr weiterweißt – ruf doch an!«, doch Experten bezweifeln, ob eine Hotline viel bringt. Nicht weit von Tokio, am Fuße des Bergs Fuji, gibt es den Wald Aokigahara, in dem sich jährlich etwa fünfzig Menschen umbringen. Die Regierung hat dort bereits Schilder aufstellen lassen, mit denen sie die Verzweifelten zum Umdenken auffordern will – der Erfolg hält sich jedoch offensichtlich in Grenzen.

Dass hinter Japans reicher Konsum- und Geschäftswelt eine Unterwelt der Obdachlosen existiert, hat mich zunächst schockiert. Wie kann ein hoch entwickeltes Land seine Benachteiligten so allein lassen? Japan gilt in der westlichen Wirtschaftswissenschaft schließlich als eine Art sozialistisches Land, wo jeder einen Arbeitsplatz hat und die Gruppe einen nicht hängen lässt. Anfangs hatte ich noch geglaubt, der Staat zahle zumindest grundsätzlich eine Stütze wie in Deutschland. Doch ich erfuhr, dass Arme in Japan kaum etwas bekommen, jedenfalls keine Männer im arbeitsfähigen Alter. Als Fan von Japan war ich nach meinem Blick hinter die Fassade desillusioniert. Das Land lässt die wirtschaftlich wenig nützlichen Menschen gnadenlos fallen.

Eine Kategorie schlechter als die Gästehäuser sind Internetcafés, die in Japan als Ersatzhotels auch Liegen und die Benutzung einer Dusche anbieten. Als Reporter machte ich den Selbstversuch und blieb einige Nächte in einem Internetcafé in Ueno. Die Aushilfskräfte an der Theke müssen mich für den letzten Abschaum gehalten haben, Ausländer *und* bettelarm. Die Übernachtung kostete 3000 Yen für fünf Stunden, Duschen 500 Yen extra. Ich bekam jedes Mal eine andere Kabine, die Ausstattung war aber immer gleich: drei Quadratmeter, Computer, schwarzer Sessel, dessen Lehne sich elektrisch zurückfahren ließ, Wolldecke. Grundsätzlich wirkte alles ordentlich, selbst die Decke war weich. Aber waschen sie die auch mal? Als ich in der ersten Nacht kurz nach Mitternacht eingecheckt hatte, fiel mir auf, wie dünn die Wände sind. Von der einen Seite hörte ich deutlich das Geklapper der Tastatur, auf der anderen Seite schnarchte schon einer. Das Internet brauchte ich nicht, also legte ich mich gleich hin. Auf der Seite liegend kollidierten Hüfte und Schultern mit Biegungen in der Liegefläche. Auf dem Rücken liegend rutschte ich jedoch irgendwie auf dem glatten Material nach vorne. Der Laden war eigentlich als Internetcafé gedacht oder musste zumindest den Schein aufrechterhalten, daher gab es auch keine Leselampe und keinen liegefreundlicheren Stuhl. In dieser Nacht schlief ich etwa zwei Stunden. Als ich früh am nächsten Morgen aus meinem Verschlag wankte, tauchte auch der Schnarcher nebenan auf. Der magere Mann Anfang vierzig besaß einen Rucksack und eine Aktentasche. »Gehen Sie zur Arbeit?«, fragte ich. »Ja, da kann man nichts machen, ich jobbe im Supermarkt.«

In der folgenden Nacht wiederholten sich meine Erlebnisse. Am Tag drei, ich hatte kaum geschlafen, fragte mich ein Kollege im Korrespondentenclub: »Finn, bist du krank? Du siehst so blass aus.« Ich brach das Experiment ab, doch nicht ohne abends noch einmal eine Dose Happôshû, also steuergünstiges Alkobräu, mit meinem Zimmernachbarn von ersten Abend getrunken zu haben. Tamura-san war ein gutes Beispiel dafür, dass Japaner sich auch unter schwierigen Umständen alle Mühe geben, in der Gesellschaft zu funktionieren – auch wenn sie schon ziemlich weit unten angekommen sind. Er gab sein Bestes in dem Supermarktjob und hoffte dort auf die Beförderung in eine Festanstellung. Zugleich bewarb er sich weiter um bessere Arbeitsplätze – kassierte in der Wirtschaftskrise jedoch eine Absage nach der anderen. Als ich ihm eine zweite Dose Alkobräu vorschlug, lehnte er ab: »Ich muss schlafen, sonst kann ich morgen den werten Kunden kein fröhliches Gesicht zeigen.«

Nipponesische Logik

oder

In der Gruppe denkt sich's besser

東
京
万
華
鏡

Es ist wahr, die Japaner denken in anderen Bahnen als die Deutschen. Ein Hirnforscher führt das auf eine stärkere Benutzung der rechten Gehirnhälfte zurück, die für Gefühle zuständig ist und den Draht zu anderen Menschen herstellt. Tatsächlich denken sich Japaner mehr in andere hinein – deshalb bieten sie auch so guten Service an. Doch ohne den Schutz durch eine Gruppe können sie manchmal auch ziemlich hilflos wirken.

Der Wahrnehmungsforscher Tadanobu Tsunoda hat in den Achtzigerjahren mit dem Buch »Das Hirn der Japaner« einen Nerv getroffen. Über seine Thesen streiten sich zwar die Fachleute, aber meiner Ansicht nach erklären sie trefflich all das, was einen als Deutschen an Japan so alles wundert.

Messungen an Versuchspersonen aus verschiedenen Kulturen haben für Tsunoda ergeben, dass die Japaner ihre rechte Gehirnhälfte mehr zur Geltung kommen lassen als die Bewohner des Westens. Dieser Teil des Denkorgans kümmert sich um Gefühle, den Sinn für Schönes und den Draht zu anderen Menschen.

Als Schlussfolgerung sagt Tsunoda seinen Mitjapanern besondere Eigenschaften nach. Sie seien offener für Ästhetik, sie nehmen eher das Große und Ganze wahr, und sie denken stärker für andere mit, behauptet er. Zudem ordneten sie sich eher in der Gruppe ein. Und tatsächlich, so ist es.

Aus der älteren japanischen Literatur dringen eine Menschlichkeit und Wärme, die uns heute fremd sind. In den Naturwissenschaften oder der Ingenieurskunst hatte Japan der Welt damals tatsächlich kaum etwas zu bieten, doch in seiner Konzentration auf Ästhetik, Details und menschliche Beziehungen erreichte das Inselreich immer neue Höhepunkte. In den Romanen des 11. Jahrhunderts konnten sich die Autoren wirklich seitenlang über die tiefere Bedeutung eines Kimono-Musters auslassen, das eine Hofdame für ein Rendezvous gewählt hatte. Beliebte Freizeitbeschäftigungen waren Düfteraten, Blumenstecken und Mondgucken. Die Beschäftigung mit der Vergangenheit war wichtiger als der Blick in die Zukunft, denn die Kulturen Ostasiens sahen die Welt als geordnetes, symmetrisches System, in dem die Geschichte sich stets wiederholt. Ganz anders eben als die westlichen Kulturen mit ihrer Erwartung der Apokalypse und ihrer Gier nach Entwicklung, Steigerung, Wachstum, Rekorden, Höchstleistungen.

Die Konkurrenz mit dem Westen hat Japan einiges von seiner heimeligen Atmosphäre genommen. (Für das einfache Volk war's übrigens ohnehin nicht so toll. Ein Samurai durfte straflos einen Bauern köpfen, um ein neues Schwert auszuprobieren.) Die Betonung von Kreisläufen, von menschlichen Beziehungen, von Ästhetik ist ganz klar die Arbeit der rechten Gehirnhälfte. Eine stärkere Aktivierung der rechten Gehirnhälfte würde auch die hohe Aufmerksamkeit der Japaner im persönlichen Umgang erklären. »Geistverteilung«, nennen sie das. Mit der rechten Seite des Hirns versetzen wir uns in andere Menschen hinein. Wer guten Zugriff darauf hat, merkt beispielsweise schneller, dass dem Gast am Tisch die Sojasoße zu weit weg steht – auch wenn der vor lauter Höflichkeit nicht danach zu fragen wagt.

Nippon scheint außerdem weiblicher zu sein als der Westen. Kein Wunder, schließlich klappt bei Frauen die Verständigung zwischen den beiden Gehirnhälften besser. Die moderne japanische Kultur erlaubt es Frauen immer noch, femininer zu sein als westliche Frauen. Das spiegelt sich auch in der Kleidung wider: Rüschen, Applikationen, unpraktische Röcke und Schühchen. Der Otto-Versand muss in Japan völlig andere Damenkleidung ins Programm nehmen. Der Japan-Chef des Unternehmens erklärte mir: »Deutsche Frauen wollen sportlich wirken, japanische Frauen niedlich.«

Die Fähigkeit, immer auch das große Ganze im Blick zu behalten, macht die Japaner auch enorm großzügig. Wenn es ans Bezahlen im Restaurant geht, sehen sie nicht nur die Rechnung. Gerade wenn ein Ausländer dabei ist, spielen plötzlich auch die globalen Beziehungen eine Rolle. Für Anfänger ist es daher schwer, mal mit dem Bezahlen zum Zuge zu kommen.

Wenn ich als Korrespondent Gesprächspartner einlade, vereinbare ich möglichst schon beim Hineingehen mit den Leuten vom Restaurant, dass ich hinterher auch bezahle. Der Witz daran ist, dass die Japaner sich gerne einladen lassen. Sie zieren sich bloß so schrecklich.

In meinen ersten Wochen als Korrespondent bedeutete

es einen Erfolg, zum ersten Mal eine Rechnung zu erobern, obwohl ich nicht selbst reserviert hatte. Nachdem der Kellner das kleine Clipboard mit dem Kassenstreifen auf den Tisch gelegt hatte, behielt ich es fest im Auge. Ich legte meine Hand entspannt in eine gute Startposition für den Zugriff. Als mein Gegenüber, ein Beamter des Finanzministeriums, nur leicht mit dem Handgelenk zuckte, schoss mein Arm vor und schnappte die Rechnung. Ich warf meinem Gesprächspartner auf dem Weg zur Kasse einen triumphierenden Blick zu, und er nickte anerkennend zurück.

Dadurch dass Japaner so auf »Geistverteilung«, also Umsicht, gedrillt sind, geben sie dem Ausländer auch Rätsel auf. Beim Verlassen des heißen Bades scheint sich keiner abzutrocknen. Doch im Umkleideraum steht auch nie jemand triefend da. Eine Weile fragte ich mich, ob japanische Haut das Wasser besser abweist. In Wirklichkeit trocknen sie sich mit ihren winzigen Handtüchern so unauffällig und nebenbei ab, als wäre es unanständig, sich richtig abzurubbeln.

Ähnlich liegt das Grüntee-Paradoxon. Überall im Land verkaufen Hunderttausende von Getränkeautomaten täglich Millionen von Getränkeflaschen, hauptsächlich mit grünem Tee. In der Öffentlichkeit lässt sich aber kaum jemand beim Trinken erwischen. Vermutlich schließen die Japaner sich nachts im Klo ein, um die Flaschen zu leeren.

Dass Japaner immer das große Ganze sehen, verwirrt westliche Geschäftsleute bei Verhandlungen. Denn aus japanischer Sicht hängt auch das miteinander zusammen, was in Deutschland nichts miteinander zu tun hat.

Miguel erzählte mir, was den japanischen Kunden seiner Firma wichtig war. Beispielsweise, dass Schrauben, die an einer völlig versteckten Stelle saßen, immer die gleiche Farbe haben. Aus Prinzip. Nur so, glauben sie, lässt sich gute Qualität aufrechterhalten. Der Erfolg gibt ihnen Recht.

Auch normale Verbraucher legen in Japan Wert auf Details, die mit der Funktion nichts zu tun haben. Panasonic verpackt Batterien immer so, dass die Seite mit dem Firmenlogo in der Packung nach vorne zeigt. Im Supermarkt wirken die Packungen dann besonders adrett.

Während Japaner all das irgendwie einbeziehen, wundern sie sich über die deutsche Eingleisigkeit und Fixierung auf die reine Funktion. Deutsche sehen immer nur einen Aspekt auf einmal und können nur eine Aufgabe gleichzeitig erledigen, behaupten sie. Japanischen Chefs von Tochtergesellschaften in Deutschland fällt auf, dass ihre einheimischen Mitarbeiter sich immer nur auf eine Sache konzentrieren wollen. »Wenn sie mit der ersten Aufgabe noch nicht fertig sind, dann nehmen sie keine neue an. Japanische Angestellte lehnen dagegen nie etwas ab und machen alles gleichzeitig. Leider werden sie dann manchmal ewig mit keiner ihrer Aufgaben fertig«, erzählte mir ein japanischer Deutschland-Veteran.

Die Deutschen wundert eben gerade diese Fähigkeit der Japaner, mehrere Sachen gleichzeitig zu erledigen. Das Befremden fängt schon bei der Powerpoint-Präsentation der Produkte an. Denn weil aus japanischer Sicht alles miteinander verknüpft ist, versucht der Vortragende, alle Details auf eine einzige Folie zu quetschen. Da bleibt dann nur Schriftgröße acht. Was sie dann an die Wand werfen, sieht aus wie eine Seite aus einem aktionsgeladenen Manga. Überall Pfeile, Bildchen und Sprechblasen. Deutsche fühlen sich davon überfordert.

Bei den Verkaufsverhandlungen setzen sich die Missverständnisse fort. Der Vertreter der deutschen Seite, von Haus aus Ingenieur, denkt vielleicht, es gehe in einem Gespräch um den Übergangswiderstand der Erdungsmittelklemmen. Weit gefehlt. In Wirklichkeit bezieht sein Gesprächspartner, der japanische Manager, im Geiste alle möglichen anderen Sachen ein: dass der Chef des Deutschen vor vier Jahren mal zu spät zu einem Meeting gekommen war und kein Gastgeschenk mitgebracht hatte, die geschmacklose Krawatte des Assistenten, der diesmal mitgekommen ist, andererseits aber auch die Tatsache, dass der Chef des deutschen Unternehmens eine hübsche Tochter hat. Er sagt dann vielleicht: »Wirklich, Ihre Technik entspricht genau unseren Anforderungen« – und der deutsche Ingenieur freut sich, weil er die Bestellung sicher wähnt, doch der Japaner meint im Geiste: »…aber bestellen werde ich bei euch bestimmt nichts. Das lassen wir euch allerdings erst nach und nach wissen, indem wir die konkrete Erteilung des Auftrags bis zum Gehtnichtmehr hinauszögern.« Eines würde er jedoch niemals sagen: »Nein.«

Die Fähigkeit, alles auf einmal zu sehen, ermöglicht auch den guten Service. Japanische Verkäufer sehen nicht nur ihren eigenen Standpunkt, sondern sie versetzen sich laufend in den Kunden hinein. In Deutschland fangen viele Sätze des Servicepersonals mit »Ich…« an, und dann kommt so was wie: »…bin dafür nicht zuständig« oder »…habe gleich Feierabend«.

Das Gleiche kriegt der Kunde in Japan auch gesagt, aber es klingt anders. »Der werte Kunde suchen jemanden, der Ihm mit Videokameras weiterhilft? Ich gehöre hier zu den Mobiltelefonen, aber bitte warten Sie einen Moment!«

Die Angestellten der Firma, die in meinem Mietshaus in Tokio die Treppen und Gänge sauber macht, entschuldigen sich schon während ihrer normalen Arbeit pausenlos. Manchmal stellte ich sie schwer auf die Probe, aber sie blieben sanft und heiter. Als ich einmal aus dem Aufzug trat und ein junger Mann gerade die Fläche bis zu den Wohnungstüren wischte, verbeugte der sich erst mal. »Es gibt keine Entschuldigung für den nassen Fußboden, aber gehen Sie ruhig drüber!« Durch den Türspion sah ich von drinnen, dass er meine Fußstapfen nachwischte. Wenig später ging ich wieder raus, weil ich eigentlich nur meine Unterlagen fürs nächste Gespräch geholt hatte. Wieder verbeugte er sich mehrfach, als ich über den feuchten Fußboden stapfte. Unten stellte ich fest, dass es angefangen hatte zu regnen und ich noch einen Schirm holen musste. Bei meinem vierten Gang über seinen Fußboden, als ich also erneut zum Fahrstuhl ging, sagte er: »Heute stehe ich Ihnen aber wirklich oft im Weg. Das tut mir aufrichtig leid!«

Japaner können auch ungeheuer geduldig dastehen und einfach nur etwas für einen halten. Ziemlich oft ließ ich junge Frauen mit meiner Visitenkarte in der Hand darauf warten, dass ich etwas aus meiner Tasche gekramt hatte. Einen Rekord mit einer regungslosen Haltezeit von gut zehn Minuten schaffte eine Empfangsdame im noblen Geschäftsgebäude »Ao« in Aoyama. Das Building hatte offiziell noch nicht eröffnet, ich war auf dem Weg zur Einweihung eines deutschen Schuhgeschäfts. Die Pressemitteilung hatte ich am gleichen Tag per E-Mail bekommen und nur auf dem Handy gesehen. »Zeigen Sie bitte Ihre Einladung«, sagte die Frau im blauen Kostüm am provisorischen Empfang hinter einem Seiteneingang. »Ich bin Mayer von der Deutschen Wirtschaftszeitung, ich möchte zur Eröffnung der Filiale des deutschen Schuhgeschäfts Bär«, sagte ich und reichte ihr meine Karte.

Sie nahm die Karte und hielt sie ehrfürchtig zwischen beiden Händen. »Es gibt keine ausreichende Entschuldigung, aber ohne Einladung muss ich Sie leider zurückweisen«, sagte sie.

»Die Einladung steckt in meinem Handy«, sagte ich. »Reicht es Ihnen, wenn ich sie auf dem Display zeige?«

»Das dürfte reichen.«

Nun hatte mein Handy die Mail nicht komplett heruntergeladen – ich brauchte eine Verbindung zum mobilen Internet, um die Einladung vorzuzeigen. Und gerade heute rührte sich nichts. Ich sah längere Zeit einer Sanduhr zu. »Einen Moment noch«, vertröstete ich sie, rief die Netzeinstellungen auf und änderte hier und da etwas am Internetzugang. Versuchte es wieder, aber beim Login blieb ich erneut stecken.

Die ganze Zeit stand die Empfangsfrau im blauen Kostüm mit meiner Visitenkarte zwischen beiden Händern da und guckte neutral.

Die Internetverbindung brach ganz ab, ich fuhr das Handy herunter und startete es neu. Bei Windows Mobile dauert das sehr, sehr lange. Heute ging es besonders zäh voran. Sie hielt meine Karte. Ihre Kolleginnen kümmerten sich derweil um andere Besucher. Alle anderen hatten ausgedruckte Einladungen dabei.

Die Mails gingen auf, ich fand die Einladung und öffnete das PDF. 350 Kilobyte. Das Herunterladen startete. 30 Kilobyte, 55 Kilobyte. Bei 280 setzte es wieder aus. »Einen kleinen Moment bitte noch«, sagte ich und startete den Download neu.

Als das Dokument da war, warf sie kaum einen Blick auf den Handybildschirm. »Willkommen«, sagte sie nur und legte die Karte auf das Ledertablett zu den anderen. Ein zweites Mädchen mit Headset erschien und führte mich zum Schuhgeschäft. »Wissen Sie, wir müssen es mit der Sicherheit sehr genau nehmen.«

Auch in Kaufhäusern beweisen Verkäuferinnen gerne ihre Geduld. Bei Isetan in Shinjuku kaufte ich als Geschenk eine Flasche edlen Sake mit Goldstaub darin. Der schmale Gang mit den teureren Sorten war so vollgestopft mit Menschen wie die U-Bahn zur Stoßzeit. Da Hunderte verschiedener Flaschen Sake auf den Regalen aus kostbarem Holz aufgereiht waren, wandte ich mich für eine Empfehlung an eine der Verkäuferinnen in gestärkter Bluse, dunkelblauer Schürze und Haube. Sie fragte, ob der Sake eher trocken sein soll (Ja!) und ob ich eine bestimmt Region bevorzuge (Nein!) und griff dann die Flasche mit dem Goldflitter heraus. Anstatt sie mir einfach zu geben, sagte sie »hier entlang« und bahnte uns mit vielen Entschuldigungen einen Weg durch die Menge Richtung Kasse. In der Schlange stand sie eine Ewigkeit mit mir zusammen an. Niemand kauft bei Isetan etwas für sich selbst. Den Aufpreis für das teure Kaufhaus zahlen die Japaner nur, um den Empfänger mit dem Verpackungspapier zu beeindrucken. Das Wichtigste war also der Aufkleber mit dem Logo. Das bedeutete, dass sich so gut wie alle Kunden ihren Einkauf verpacken ließen, was wiederum Zeit brauchte, obwohl hinter der Kasse sieben Leute geschäftig werkelten: Papier schneiden, Schutzhüllen um die Flaschen einpassen und Kartons auffalten. Die Verkäuferin wartete zusammen mit mir bestimmt eine gute Viertelstunde und hielt solange grazil die Sakeflasche hoch. Als wir drankamen, übergab sie meinen Fall an die Kollegin an der Kasse, verbeugte sich vor mir und sagte: »Bitte entschuldigen Sie, dass ich Sie so lange habe warten lassen.«

Mit der Servicekultur geht es dennoch langsam bergab. Schon seit Jahren müssen die Autofahrer an einigen Tankstellen selber tanken. Auch preiswerte Restaurantketten versuchen es mit Technik statt Personal. Beim Fließband-Sushi kommt der heiße Tee aus Wasserhähnen an jedem Platz. Zur Abrechnung hält die Bedienung nur eine Antenne an den mehrfarbigen Tellerstapel. Jeder Teller enthält einen Funkchip mit Preiskennung. Ohne jedes Eingeben und Rumrechnen spuckt das Handterminal den Preis aus.

Berührungsempfindliche Flachbildschirme wie in der Izakaya-Kette Tôhô Kenbunroku wirken da schon altmodisch. In einer Filiale von »Meeresfrüchte Sakura« ist die Speisekarte von elektrischen Schaltkreisen durchzogen. An der Karte hängt so etwas wie ein fetter Stift mit Lautsprecher. Die Gäste müssen zum Bestellen mit der elektronischen Spitze des Stifts über die gewünschte Speise fahren. Sendechips im Papier der Speisekarte sagen dem Stift, worauf der

Kunde gezeigt hat. Der kleine Computer sendet die Daten dann drahtlos in die Küche. »Salat mit Tofu!«, plärrt der Stift zur Bestätigung, oder »Frittiertes Huhn! Bitte geben Sie die Anzahl ein!« Im unteren Teil jeder Seite befindet sich ein Feld für die Bestätigung der Bestellung. »Bestätigen Sie Ihre Eingabe!«, krakeelt der Stift – »Geben Sie weiteres Bestellgut ein oder wählen Sie Bestellung!« Die koreanischen und chinesischen Kellnerinnen dieser Kette waren im Gegensatz zu diesen Karten nicht so bürokratisch, und vor allem nervten sie weniger.

Damit die Kunden ihren Bestellstift im bierseligen Lärm der Izakaya hören können, ist der kleine Lautsprecher voll aufgedreht. Die Frauenstimme klingt daher unangenehm hoch und scheppert etwas. Zugleich ist sie so durchdringend, dass auch die Bestellungen der umliegenden Tische zu hören sind. »Hühnerspießchen! Geben Sie jetzt die Anzahl...« – »...weiteres Bestellgut ein oder wählen Sie...« – »Bier, fünf!« – »Bestellung abgeschlossen, bitten warten Sie!« – »Gesottener Trockenfisch ist heute ausverkauft, bitte wählen Sie ein anderes Bestellgut!«

Bei dem ganzen elektrischen Geplärre gucken selbst die technikverliebtesten Japaner genervt.

Doch selbst wo statt Menschen schon Automaten stehen, hilft einem meist noch uniformiertes Personal bei der Bedienung. Es ist leider wahr, die Japaner werden durch den ständigen guten Service unselbständig. Als ich in Fukui das erste Mal mit einem Auto an einer japanischen Tankstelle anhielt, wollte ich erst aussteigen, doch dann fielen mir die japanischen Sitten ein. Wie in »Die Drei von der Tankstelle«

mit Heinz Rühmann nahmen mir uniformierte Jungs alles ab. Sie putzten auch die Scheibe und sahen das Öl nach. Vor allem aber: Sie lotsten mich mit großen Gesten wieder von der Tankstelle herunter und fädelten mich in den Verkehr ein. Ein Blick in den Rückspiegel. Da standen die drei und verbeugen sich mit dem Käppi vor dem Bauch. Ein Wohlgefühl. Aber so lernt halt kein Japaner, wie man mit einer Zapfsäule umgeht.

An jeder Baustelle stehen Rentner in Fantasieuniformen mit Leuchtstäben und passen auf, dass Baufahrzeuge, Autos und Fußgänger gut aneinander vorbeikommen. In der Nähe meiner Wohnung entstand während zwei Monaten ein neues Apartmenthaus. Jedes Mal, wenn ein Lastwagen vom Baugrund herunterfuhr, sperrten fünf uniformierte Aufpasser den Bürgersteig ab. Das Spektakel ging los, indem sie die Fußgänger in Sichtweite zum Stehenbleiben aufforderten und sich ihnen schließlich breitbeinig in den Weg stellten. Der fünfte Mann winkte mit einem Leuchtstab den Laster auf die Straße. Das Auto piepste vor seiner Rückwärtsbewegung zur Warnung. Dann gab die Truppe den Bürgersteig mit großer Geste, Verbeugungen, Entschuldigungen und Danksagungen wieder frei.

In Deutschland dagegen muss ich um Baustellen herumnavigieren und meine Einkäufe selbst in die Tüte packen. Muss mich gegenüber Putzfrauen durchsetzen, die mich nicht durchlassen wollen, weil gerade gewischt wurde. Was passiert mit Leuten, frage ich mich, die richtig lange in Japan bleiben? Werden die so unselbständig wie die Japaner und kommen ohne die Luftpolsterfolie des japanischen Alltags gar nicht mehr aus?

In Tokio ging ich auch manchmal zur Ohrputzerin. Daher wusste ich, dass mein Gehörgang am Rande rosa schimmerte und in der Mitte öfter braun verklumpte. Kanno-san, die Ohrpflegerin, zeigte mir das Innere meines Ohres auf einem Panoramabildschirm vor mir an der Wand. »Ach je, hier ist es etwas verhärtet«, sagte sie und kratzte in meinem Gehörgang herum. Die junge Frau setzte sich für die Behandlung mit Mundschutz und weißem Kittel neben mich auf einen Hocker. Ich starrte auf einen Flachbildschirm vor mir und sah eine Liveübertragung aus meinem Hörorgan. Kanno-sans Schabelöffelchen trug eine medizinische Minikamera an der Spitze.

Eine so sanfte Gehörgangreinigung, das kann nicht jeder.

Der Ohrensalon von Kanno-san lief ausgesprochen gut. Dazu trug auch die Lage zwischen einem Wolkenkratzerviertel und einer bunten Geschäftsgegend mit Restaurants, Elektroläden und Animierbars bei. Unten an der Straße wies ein grünes Schild mit einem stilisierten Ohr auf das Geschäft hin. Eine rostige Wendeltreppe führte zu »Ohren-Sauber« hinauf, vorbei an »Dr. Foot« im ersten Stock, dessen Werbebilder mehr als eine gewöhnliche Fußmassage versprachen. Zu manchen Tageszeiten mussten die Kunden bei »Ohren-Sauber« eine Stunde warten, bevor sie an die Reihe kamen. Der Vorraum mit Platz für sechs Wartende beruhigte durch sanftes Grün, aus den Lautsprechern kam romantische Disney-Filmmusik. Als Neukunde hatte ich beim ersten Besuch ein Formular ausfüllen müssen: Ohrenkrankheiten? Häufigkeit der Ohrreinigung? Ohrtyp? Mit einer Shiatsu-Massage zusammen dauert der Service 20 Minuten und kostet 14 Euro. Kanno-san warnte zu Beginn, dass die Behandlung gefährlich sein kann und ich mich sofort melden soll, wenn etwas weh tue. Mein linkes Ohr ging noch. Dann, im rechten Ohr, die Verhärtung. Kanno-san machte Laute des Erstaunens, so etwas sah sie nicht oft. Japanische Eltern kratzen die Ohren ihrer Kinder mit einem Löffelchen aus, und auch die Erwachsenen machen stochernde Gehörganghygiene. In Japan gilt das als normal, gesund und notwendig.

Aber auch der ausländische Härtefall stellte Frau Kanno nicht vor ein echtes Problem, Ohrpflegerin ist in Japan ein Ausbildungsberuf. Ihre Empfehlung für die Zukunft: wie die anderen Kunden zweimal monatlich vorbeikommen. Dank Punktekarte gab es nach zwanzig Behandlungen eine gratis. Seitdem komme ich öfter. Nach der ersten Reinigung hörte ich plötzlich besser.

Japaner, so heißt es, seien die Preußen Ostasiens.

Ich muss gestehen, ich bezweifle, dass sich alle Preußen gleich verhalten oder verhalten haben. Wenn mit dem Vergleich gemeint ist, dass Japaner nach Möglichkeit pünktlich eintreffen, sich tendenziell an Regeln halten und ihre Aufgaben mehrheitlich diszipliniert erledigen, dann ist da sicherlich etwas dran. Ein deutscher Firmenchef in Japan sagte mir, dass er noch nie so regeltreue Mitarbeiter erlebt habe wie nach seinem Amtsantritt in Kawasaki.

Doch über einen großen Unterschied zwischen ihrer eigenen und der japanischen Arbeitsauffassung sind sich alle Deutschen im Lande einig. Japaner opfern sich gern zwecklos auf und geben sich gern sinnlos Mühe. Sie legen sich erst dann so richtig ins Zeug, wenn nicht die geringste Aussicht auf ein angemessenes Ergebnis besteht.

Durch ihre so besonders aktive rechte Gehirnhälfte besitzen die Japaner die Fähigkeit, die Sichtweise des anderen einzubeziehen. Auch als Chefs oder Lehrer honorieren sie sinnlose Anstrengung. Sie sehen auch hier eben eher das große Ganze statt des konkreten Resultats. Der Blick gilt nicht nur dem Endergebnis, sondern auch dem Weg dahin. Es ist wie im Matheunterricht in der Schule: Auch für den Rechenweg gibt es noch Punkte.

Kenji war eines frühen Morgens bei einem Geschäftstermin zur falschen Zweigstelle eines Kunden gefahren. Sein Abteilungsleiter absolvierte den Termin alleine, obwohl Kenji eigentlich der Fachmann gewesen wäre. »Er war mir aber gar nicht so böse, wie ich gedacht hatte«, erzählte Kenji. »Denn ich war extra um fünf Uhr morgens aufgestanden, um rechtzeitig dort zu sein, und hatte mir richtig Mühe gegeben.«

Auch die Aufnahmeprüfungen für japanische Unis spiegeln das wider. Sie fragen Unmengen von Wissen ab, das für nichts gut ist. Wer studieren will, muss mit 19 Jahren wissen, dass das Jahr Juei 4 des traditionellen Kalenders 1185 im westlichen Kalender entspricht und den Beginn der Kamakura-Zeit markiert. Im Fremdsprachenteil hackt der Test beispielsweise endlos auf sinnverwandten Wörtern herum – die künftigen Studenten müssen den Unterschied zwischen »Umbrella« und »Parasol« kennen, obwohl die meisten von ihnen sich mit ganz grundlegendem Englisch noch ziemlich schwertun. Auf die Uni kommt nur, wer sich Mühe gibt, ohne nach dem Sinn zu fragen.

Diese Mühe geben sich Japaner auch mit dem Müll. Die Japaner sprechen vermutlich als einziges Volk neben den Deutschen von »Wertstoffen«, und sie behandeln diese kostbare Substanz entsprechend pfleglich. Wichtiger als die Liebe zur Umwelt ist dabei jedoch der soziale Druck. Was sollen die Nachbarn denken, wenn das Altpapier einfach so herumsteht? Manche japanische Hausfrau bügelt ihre alten Zeitungen, um sie schöner zusammenbinden zu können.

Denn Mülltonnen gibt es nicht. In Tokio schlängeln sich die Straßen zu eng für so massive Gegenstände. Die Anwohner und Hausmeister stellen den Müll in genormten Plastiksäcken an die Straße, bevor die Müllabfuhr kommt. Das Gesetz schreibt transparente Müllsäcke vor – die Müllmänner können so den Inhalt besser kontrollieren. Brennbarer Müll geht an anderen Tagen weg als nicht brennbarer Müll, Papier, Dosen, Glas oder Plastikflaschen.

Wie immer in Japan regiert in diesem System das geordnete Chaos. Der Verschluss einer Plastikflasche kann auf zwei Straßenseiten in zwei verschiedene Kategorien fallen, wenn sie zu zwei verschiedenen Stadtvierteln gehören. Für die einen ist Plastik brennbar, für andere nicht. Manchmal ändern sich die Regeln auch, wenn etwa eine künstlich aufgeschüttete Insel in der Bucht von Tokio fertig ist und dafür eine neue Müllverbrennungsanlage in Betrieb geht. Plötzlich gilt Plastik als brennbar.

Ich saß staunend vor dem Fernseher und sah eine Sendung mit Tipps für Hausfrauen: Wie bekommen wir die alten Zeitungen so ordentlich gestapelt wie Frau Tanaka aus dem Einspielfilm?

Tipp 1: die Schere. Die Musterhausfrau nimmt jeweils etwa zwölf Seiten der Zeitung, faltet sie übereinander und schneidet sie am Falz von jeder Seite einige Zentimeter ein.

Damit liegen die Faltkanten glatter, es ergibt sich beim Stapeln ein ordentlicheres Bild.

Tipp 2: das Bügeleisen. Die wirklich gute Hausfrau bügelt die flach gelegten Zeitungsrechtecke platt. Dann legt sie schön die Faltkanten abwechselnd links und rechts übereinander und zählt die Lagen. Nur wenn die Stapel immer gleich hoch ausfallen, ergibt sich am Müllsammelplatz ein ordentliches Bild!

Tipp 3: der Knoten. Nur wer den richtigen Trick kennt, kann die Stapel rutschsicher und leicht tragbar zusammenbinden. Es ergeben sich kompakte Blöcke von Zeitungspapier, in Draufsicht etwa so groß wie ein A4-Blatt. Schade nur, dass diese ebenmäßigen Kunstwerke alle in der Recyclinganlage geschreddert werden.

Ein besonderes Objekt für den Eifer der Dame im Stockwerk unter mir ist die Milchpackung. Die brave Hausfrau schneidet sie an den Ecken auf, spült sie innen mit Spülmittel aus, hängt sie auf der Wäscheleine zum Trocken auf und stapelt sie zu Quadern. Die fertigen, piekfeinen Pakete – sauber und geruchlos – gibt sie dann bei der Recyclingstelle des Ortsamts ab.

Mit den aufgehängten Milchpackungen, wie sie da stolz im Wind auf dem Balkon schaukeln, zeigt die Hausfrau ihre Sorgfalt. Ich schreibe Hausfrau, weil es ausschließlich um Frauen geht. Außer mir.

Als guter Ausländer und vor allem als guter Deutscher wollte ich beim Mülltrennen nicht hinter den Nachbarn zurückstehen. »Was? Du wäschst und trocknest Tetrapaks?«, fragte Akiko mich verblüfft. Auf der Wäscheleine meines Balkons hingen vier Saftpackungen an Wäscheklammern.

Doch die Preußen Ostasiens? An der Oberfläche sieht die Ordnungsliebe tatsächlich preußisch aus. Als Deutschen treibt mich jedoch die Grundneigung zu sinnloser Anstrengung manchmal in den Wahnsinn. Wirklich, manchmal möchte ich schreien, wenn ich das sehe. »Die Japaner bei uns halten sich sklavisch an die Regeln und die eingefahrenen Prozesse«, sagte mir ein deutscher Manager, dessen Unternehmen eine japanische Mittelstandsfirma gekauft hatte. »Ich würde mir da manchmal mehr gesunden Menschenverstand wünschen.«

Aber wir Ausländer müssen mitmachen, ob wir wollen oder nicht. Die Japaner sind lieb und nett, wenn einer als Tourist kommt und die Stäbchen nicht richtig halten kann. Doch wenn einer wirklich mitspielen will, lassen sie ihn ganz schön spüren, was das heißt. Als loyaler Freund, guter Nachbar, verlässlicher Geschäftspartner oder treuer Angestellter gilt nur, wer sich reichlich ins Zeug legt – unabhängig vom Resultat.

Japan schätzt Menschen am meisten, deren Kompromisslosigkeit sie in den Abgrund führt. Und die am Ende nichts vorzuweisen haben. Die größte Ehrfucht heben sie sich für Helden auf, deren Kampf sinnlos war. Ich denke da an Leutnant Hirō Onoda, der 1974 aus einem Dschungelversteck auf den Philippinen auftauchte. Er hatte seit 1945 die Augen davor verschlossen, dass Japan den Krieg verloren hatte. Als kaiserlicher Soldat befolgte er weiter den Befehl, die Infrastruktur auf einer strategisch wichtig gelegenen Insel zu sabotieren und sich ansonsten ohne Hilfe durchzuschlagen. Selbst als Flugzeuge über der Insel Briefe seiner Familie abwarfen, die ihn ums Aufgeben anflehten, hielt er die Dokumente noch für eine besonders ausgefeilte List der Amerikaner. Erst ein japanischer Student, der ihm als Rucksackreisender am Rande des Urwalds begegnete, konnte ihn von den Änderungen im Weltgeschehen überzeugen.

Der Student wusste erst gar nicht, mit wem er es zu tun hatte, und sagte fröhlich, er wandere durch die Philippinen und durch Tibet, um »vielleicht Leutnant Onoda oder den Yeti zu sehen«. Dass Onoda noch lebte, war in Japan bekannt. Er hatte regelmäßig die Telefonleitungen der philippinischen Bewohner durchgeschnitten. Selbst als der Rucksackreisende ihm erklärt hatte, dass der Krieg wirklich aus sei, musste noch ein Oberst der neuen japanischen Armee anreisen und ihm den Befehl zur Kapitulation geben. Das ist der Geist des »Gambare!«, der Aufopferung.

Die Japaner bereiteten Onoda bei seiner Rückkehr einen Empfang als Held. Das war 29 Jahre nach Kriegsende. Seine ersten Worte in Tokio waren schluchzend: »Ich bin so froh, dass der Krieg aus ist!«

Wenn ich Kenji wochentags zum Mittagessen traf und er an seinen Arbeitsplatz zurückmusste, verabschiedeten wir uns (wie in Japan üblich) mit: »Streng dich an!«, »Shigoto Gambatte!« Das ist in Japan zu dieser Tageszeit ein weit verbreiteter Gruß. Wo wir auf Deutsch vielleicht »Viel Spaß« oder »Mach's gut« wünschen, sagen die Japaner: »Bitte streng dich an« oder »Geben Sie sich bitte Mühe!« Zwar eine Floskel, deren Sinn kaum noch einer hinterfragt, aber dennoch bezeichnend.

Japan zeigt sich außerdem aus deutscher Sicht einerseits verblüffend ordentlich und andererseits verblüffend chaotisch. In Fukui wunderte ich mich über die Papierstapel, die vollen Aschenbecher und das Gerümpel alter Elektrogeräte im Großraumbüro der Univerwaltung. Damals dachte ich noch, diese Landuniversität sei besonders schlecht organisiert. Inzwischen habe ich Büros im Finanzministerium und bei Toyota gesehen, wo die gleichen Papierstapel sich bedenklich über den Köpfen der Mitarbeiter gegeneinanderneigten. Der Chef der deutschen Transportfirma DHL in Japan sagte mir, dass er einmal die Woche selbst durch die Großraumbüros gehe und die Leute zum Aufräumen und Abheften antreibe. In meinem Postamt quollen allerlei Schachteln und Papierstapel hinter den Schalterangestellten aus offenen Schränken. Wenn ich eine Schnellsendung nach Deutschland aufgab, dann suchte der Mann umständlich zwischen Pappdeckeln nach dem nötigen Formular.

Bei einem Mittelständler in Fukui, den ich für eine Recherche besuchte, lief die komplette Buchhaltung noch auf Papier und per Hand. Einige PCs standen da zwar, aber die galten der Frau des Besitzers nur als bessere Schreibmaschinen. »Wollen Sie nicht vielleicht eine Unternehmenssoftware anschaffen?«, fragte ich. »Nein, das läuft bestens so, wie wir das immer gemacht haben. Mit Computern hat man doch nur Scherereien«, sagte sie, klagte aber noch am gleichen Tag über ihre 60-Stunden-Arbeitswoche: »Wir machen nie Urlaub, weil wir die Fima nicht allein lassen können.«

Unser Gehirnforscher, Professor Tsunoda, hat bei seinen japanischen Probanden auch ein besonderes Bedürfnis nach Einklang mit ihrer Umgebung gemessen. Tatsächlich erledigen sie ihre Angelegenheiten am besten gemeinsam. Ein Spruch aus der Japankunde: Wenn *ein* Deutscher gegen *einen* Japaner antritt, gewinnt der Deutsche. Wenn *hundert* Deutsche gegen *hundert* Japaner antreten, gewinnen die Japaner.

Die Zusammenarbeit läuft in Japan tatsächlich recht gut. Der Kontrast fiel mir besonders an einem Wochenende auf, an dem ich an einem Freitag eine Gruppe Deutscher bespaßen musste und am Samstag mit Japanern unterwegs war. Die Gruppe von zwölf Japanern ließ sich viel einfacher handhaben als die Gruppe von vier Deutschen. Die Deutschen brachten sich alle in die Diskussion über das nächste Ziel ein und blockierten sich gegenseitig. Zudem blieben sie nicht zusammen. Die Japaner trugen ihre Meinung ebenfalls bei, aber irgendwie fanden sie sanft und schnell zu Entscheidungen, mit denen alle zufrieden waren. Es versuchte nicht jeder einzelne, alle anderen zu dominieren. Die Japaner nehmen sich selbst einfach nicht so unwahrscheinlich *wichtig*. Sie denken für die anderen in der Gruppe mit.

Selbst die Steuererklärung erledigen sie im Team: Im dritten Stock meines örtlichen Finanzamts versammeln sich die Bürger, um an langen Reihen von Stehtischen die Formulare für die Einkommensteuer auszufüllen. Finanzbeamte in knallgelben Jacken laufen dazwischen herum und helfen den Bürgern. Für Senioren und Menschen mit einer Behinderung stehen an der Seite sechs »Vorrang-Plätze« mit Stühlen an normalen Schreibtischen bereit. Unter den Neonröhren in dem Raum herrscht die geschäftige Stimmung, die in Asien so leicht aufkommt: Die Experten in den gelben Jacken eilen im Laufschritt zu Bürgern, die ihnen winken.

Wenn einer fertig ist und seinen abschließenden Stempel auf das Formular drückt, verbeugen sie sich und bedanken sich für das Steuergeld.

Ob es wohl schon einmal vorgekommen ist, dass sich ein deutscher Finanzbeamter vor einem Steuerzahler verbeugt hat?

Als ich in einer Steuersache am Rand wartete, erhielt ein älterer Herr eine Sonderbehandlung. Er trug einen tadellos sitzenden Anzug mit Krawattennadel und hatte das graue Haar penibel gescheitelt. Der Herr musste mehrere Zusatzformulare ausfüllen, während zwei Finanzbeamte sich um ihn kümmerten. Sie verbeugten sich beim Abschied besonders tief. »Passen Sie auf Ihre Gesundheit auf! Kommen Sie gut heim! Wir haben leider viel Mühe gemacht! Bitte verzeihen Sie uns!«, riefen sie ihm hinterher.

Völlig Unbekannten gegenüber verhalten sich die Japaner dagegen vergleichsweise unsozial. Das Denken in Gruppen bringt es mit sich, dass stets eine klare Linie die Mitglieder des eigenen Teams von der Außenwelt abgrenzt. Wenn einer nicht dazugehört, muss ich ihm gegenüber auch keine Anteilnahme zeigen – außer er ist ein Kunde. Ein Mensch ist entweder »uchi«, drinnen, oder »soto«, draußen. Eine Gruppe Japaner in Deutschland bildet dort sofort ihr eigenes »uchi«. Ihre Mitglieder arbeiten hervorragend zusammen, grenzen sich jedoch gegen die Einheimischen ab. Die gleichen Leute wären in Japan jedoch erbitterte Feinde, weil sie für konkurrierende Großunternehmen arbeiten. Nettigkeit ist eigentlich nur gegenüber denen nötig, die gerade »uchi« sind. Anders geht es vermutlich nicht in diesem dicht besiedelten Land.

Japan hat unter den größeren Ländern die viertgrößte Bevölkerungsdichte.

Cafés, vor allem die Ketten wie Starbucks, dienen als Arbeitsraum, Lesezimmer und Büro. In den engen Wohnungen staut sich schließlich oft das Gerümpel. Gerade kurz nach Mittag sind in der Tokioter Innenstadt sämtliche Cafés voll. Als Akiko und ich uns einmal vom Einkaufen ausruhen wollten, hatte sich in der Filiale von »Excelsior« in Ikebukuro bereits eine Schlange von zehn, zwanzig Leuten gebildet, die mit ihrem Tablett in der Hand auf einen Platz warteten. Der Kaffee wurde kalt, bevor sie sich setzen konnten. Geduldig standen sie da und versuchten, nicht allzu gierig auf die Sitze zu starren.

Die Sitzenden brachten es jedoch fertig, die Wartenden völlig auszublenden. Ihr Kaffee war längst leer, sie lasen noch genüsslich ein Kapitel in einem Buch, zogen langsam an ihrer Zigarette. Sie schrieben auf ihrem Notebook oder hörten mit ihrem Musikspieler in ein neues Album hinein. Wäre eine Kamera nur auf die Sitzenden gerichtet gewesen, es wäre nicht zu erkennen gewesen, dass gleich daneben zwei Dutzend Leute warteten.

Als ich meinen Cappuccino ausgetrunken hatte, sagte ich: »Komm, lass uns aufstehen, da warten so viele Leute«, doch Akiko schaute mich völlig verblüfft an. »Warum sollten wir aufstehen, nur weil da Leute warten?«

In der U-Bahn ist es morgens wirklich unwahrscheinlich eng. Manchmal muss ich einen Arm über den Kopf nehmen, weil er seitlich keinen Platz mehr hat. Irgendwie quetschen alle noch ihre Aktentaschen dazwischen. In der Marunouchi-Linie drängte mich die Menge eines Morgens so an eine Haltestange in die Ecke, dass es richtig weh tat. Das ließ sich nur aushalten, weil alle frisch geduscht in tadelloser Kleidung unterwegs waren, was sich vom Berliner U-Bahn-Publikum nicht durchweg sagen lässt.

Auf Höhe des Hauptbahnhofs bekam ein Mann in der Mitte des Wagens einen Anfall von Platzangst. Er zitterte, stotterte einige Worte und kauerte sich zwischen die Leute auf den Boden. Die Menge hätte ihn vermutlich totgetrampelt, wenn er nicht einen Bekannten dabeigehabt hätte. Er musste ein Freund oder Bekannter sein, denn *außerhalb* ihrer Gruppe verhalten sich Japaner meistens nicht hilfsbereit. Der Helfer schob den Zitternden an der nächsten Station aus dem Wagen und in eine Ecke neben der Treppe, wo er sich zitternd hinkauerte. Ich musste dort auch aussteigen. Um die Szene noch beobachten zu können, zog ich gemächlich einen Tee aus dem nächsten Automaten. »Es ist alles in Ordnung«, beteuerte der Kauernde gegen allen Anschein von unten herauf. Japaner sind konditioniert, immer erst mal zu sagen, es sei alles in Ordnung. »Ich habe eine Angststörung«, gab er dann doch noch zu.

Außer mir schien sich keiner für die Szene zu interessieren. Ich habe gesehen, wie Leute sich ans Herz griffen und zusammenklappten, während die Menschen daneben einfach weiterströmten und den Kranken an den Rand drängten. Es waren stets Leute in Uniformen, etwa U-Bahn-Angestellte, die etwas unternahmen. Vielleicht spielt die christliche Tradition in Europa wirklich eine Rolle. Jedenfalls habe ich als Außenseiter schon öfter Leute gefragt, ob ich ihnen helfen konnte, während die Japaner alle einfach weitergingen. In der Hälfte der Fälle machte ich mich jedoch zum Deppen. »Was ist los? Brauchen Sie einen Arzt«, fragte ich eine junge Frau im Chanel-Kleidchen, die spätabends am Bahnhof Shinjuku auf der Treppe zusammensank.

Sie schielte einige Sekunden unstet zu mir herauf.

»Alles in Ordnung«, lallte sie. »Ich bin bloß besoffen.«

Das alles zusammengenommen bin ich mir manchmal nicht so sicher, ob ich Japan wirklich mag. Umso mehr Sorge machten mir die Anzeichen der eigenen Japanisierung. Den größten Schrecken jagte mir die Veränderung im Laufstil ein. Wenn Japaner auf eine Fußgängerampel zuhasten, die gerade auf Rot zu schalten droht, halten sie ihre Arme eher gerade an den Seiten statt sie abgewinkelt schwingen zu lassen. Das führt zu einer etwas unpraktischen Bewegungsweise.

Ich war also entsetzt, als ich mich plötzlich bei diesem Laufstil beobachtete. Fest nahm ich mir vor, künftig wieder auf eine aufrechtere, westliche Haltung beim Rennen zu achten.

Ich ertappe mich in letzter Zeit auch dabei, dass ich fast jeden Satz mit einer Entschuldigung einleitete, auch Antworten auf ganz normale Fragen. Schließlich könnte ich in Japan immer irgendwas falsch gemacht haben. Als ich den Stapel Mülltüten im Hinterhof meines Mietshauses schwelend und rauchend fand, lief ich nach vorne zum Hausmeister. »Entschuldigen Sie«, rief ich, »verzeihen Sie bitte!« – Erst als er sich seinerseits verbeugt hatte, rief ich aufgeregt: »Es brennt!«

Der Hausmeister sprang auf und löschte mit seinem Wasserschlauch. In einer der Mülltüten fand sich der Inhalt eines Aschenbechers. »Ich rauche nicht«, beteuerte ich überflüssigerweise. Tomiyama-san guckte mit zusammengekniffenen

Augen kurz auf den restlichen Müll. »Das hier gehört zu Nummer 603«, erklärte er dann. In Deutschland hätte ich ihm geraten, im Fernsehen aufzutreten. »Wetten, dass ich dreißig Mietparteien an ihrem Müll erkenne?«

Sich zu entschuldigen ist in Japan immer eine gute Strategie und hat nur Vorteile. Im Westen liegt das anders. Wer sich nach einem Verkehrsunfall entschuldigt, gesteht praktisch seine Schuld ein. Also wird der Schuldige das Unfallopfer erst einmal anraunzen: »Konnten Sie nicht aufpassen, Sie Trottel?« Das ist in Deutschland die Strategie mit dem größten Nutzen für den Autofahrer. In der japanischen Gesellschaft bringt dagegen die Entschuldigung den größeren Vorteil. Also entschuldige ich mich, wo immer es geht. Ich nahm mir neulich vor, es nicht zu übertreiben – schließlich habe ich in den Augen der Einheimischen ein grober, roher Ausländer zu sein.

Auch meine Koffer schrumpfen zusehends auf japanisches Format. Von Anfang an war mir aufgefallen, dass Japaner kaum Gepäck schleppen. Es sind immer nur westliche Touristen, die mit gewaltigen Koffern den Weg in Zügen und U-Bahnen blockieren. Doch ich habe das Geheimnis gelüftet: Japaner nehmen den Gepäckversand in Anspruch. Es gibt ein halbes Dutzend konkurrierender Firmen, die einen Koffer heute abholen und morgen früh im Hotel oder bei der Schwiegermutter über die Schwelle reichen. Das kostet etwa zehn Euro für einen Koffer. Wer ohnehin 250 Euro für die einfache Fahrt im Zug zahlt, für den fühlt sich das wie ein normaler Teil der Reisekosten an.

Doch meine Japanisierung dringt immer weiter vor und kriecht in immer feinere Ritzen. Ich führe Selbstgespräche auf Japanisch. Am Telefon verbeuge ich mich immer öfter. Wenn ich mich erkälte, trage ich eine Atemmaske. Ich reinige meine Ohren mit einem Schabelöffelchen!

Ein Wissenschaftler hat mich zudem davon überzeugt, dass auch meine Gedärme längst japanisiert seien. Von den Bazillen her sei ich Nipponese.

Der Biologe Rowan Hooper arbeitet in Japan und behauptet, dass der Wohnort uns tiefgreifend beeinflusse, wegen der Bakterien. In allen Weltgegenden essen die Leute vergorene Sachen mit lebenden Keimen, wie etwa Joghurt. Im Nattô sind die Sojabohnen von Fäulnisbakterien aus Reisstroh vergoren. Solche Kleinstlebewesen besiedeln nun nach und nach das Innenleben des Japanbewohners.

Forscher haben die Stoffwechselprodukte von Briten, Amerikanern, Chinesen und Japanern verglichen. Was unten rauskam, hing fast nur davon ab, welche Mikroben dieses Essen im Darm zerlegt hatten. Schließlich leben in uns zehnmal mehr Bakterien, als wir Körperzellen haben. Die chemische Zusammensetzung des Stuhls unterschied sich erheblich – und damit auch das, was unsere Körper an Substanzen aus dem Darm aufgenommen hatten. Briten und Amerikaner stoffwechseln fast gleich. Chinesen und Japaner unterscheiden sich dagegen drastisch von den Westlern, aber auch untereinander. Die Unterschiede zwischen den Nachbarländern in Ostasien wundern mich nicht. Chinesen essen völlig andere Sachen als Japaner – mehr Wok-Gebratenes, Dampfbrötchen, Teigtäschchen, Scharfes, Knuspriges. Nippon bevorzugt milde Gerichte wie Misosuppe oder Reisschüsseln mit gesottenem Fleisch obendrauf. Genetische Japaner oder Chinesen, die länger in den USA leben, lassen sich wiederum nicht von Amerikanern unterscheiden. Europäer essen Joghurt und können daher Milch besser verdauen. Für viele Chinesen riechen butterige Gerichte dagegen ekelhaft.

Die Därme von uns Weißen in Japan werden nach einer gewissen Zeit also japanisch besiedelt. Wir werden zu mikrobiellen Japanern, mit Ausnahme der Mitarbeiter westlicher Firmen, die sich auf das Land nicht einlassen, morgens ein Sandwich essen, mittags ins Steakhaus gehen und abends eine Pizza bestellen. Diese Leute wohnen meistens auch in typischen Vierteln, wo es besonders viele Bäckereien und Fleischereien gibt.

Umgekehrt bedeuten die Erkenntnisse der Biologen, dass die Japaner im 21. Jahrhundert weiter verwestlichen. Jeder Supermarkt bietet Joghurt an. In japanischen Därmen wimmelt es bereits zu Abermilliarden von westlichen Keimen.

Dementsprechend haben schon nicht mehr die Japaner den gesündesten Stoffwechsel, sondern die Bewohner einer Region in Südchina. Ich wette, dass die Leute dort einfach noch keine Steaks, Weißbrot-Sandwiches und fettige Zuckerkringel bekommen.

An jeder Ecke locken in Tokio Leuchtreklamen von italienischen Restaurants, Wiener Cafés und französischen Bäckereien. Doughnut- und Burgerketten durchziehen das Land. Die Lebenserwartung *sinkt* in Japan seit einigen Jahren trotz allen medizinischen Fortschritts.

Ganz klar folgt also: Die japanische Essenz ist in Gefahr. Japaner sehen bekanntlich alles mit allem verbunden – da hängt auch das Essen mit dem Denken zusammen. Nippons mystische Nattô-Gemeinschaft, die sich schweigend versteht und die Gruppe vor das eigene Wohl stellt – bedroht vom Ansturm der Milchsäurebakterien!

Von Tokio aus machte ich zwar etliche Dienstreisen, hatte aber fast völlig aufgehört, einfach im Lande herumzufahren. Kenji und die anderen wollten immer nur Tagesausflüge in Badeorte machen, die ihre kostbaren zehn Urlaubstage schonten. Spontan ging ich eines Nachmittags in das Reisebüro des Kaufhauses Tobu in Ikebukuro. Vier identisch gekleidete Damen saßen mit weißen Blusen und hellblauen Schürzen an Schreibtischen in einem schlauchartigen Raum. Zwischen den Computermonitoren stapelten sich Computerausdrucke, Broschüren und anderes Papier, wie in Japan üblich.

»Ich würde gerne eine Reise in einen Badeort buchen, weiß aber noch nicht, wohin.« Wie alle japanischen Reisebürofrauen begann auch die Dame, die mir nun gegenüber saß, hektisch in Katalogen zu blättern. Sie zeigte mir allerlei Möglichkeiten und fragte irgendwann: »Wie viele Personen sind Sie denn?«

»Ach, ich wollte alleine fahren.«

Sie erstarrte. Ich bemerkte einen Seitenblick von dem Mädchen am nächsten Monitor, das vorher noch konzentriert getippt hatte. Einige Sekunden Pause.

»Ach, so ist das«, sagte die Reisefachfrau. Das Mädchen daneben begann wieder zu tippen, aber lauter als vorher.

»Ja, so ist das«, bestätigte ich.

»Ja, dann …«

Sie räumte all die Kataloge wieder weg und fing an, im Schrank hinter sich zu kramen. In einer der unteren Schubladen fand sie einen zerfledderten, ganz dünnen Katalog. Sie legte ihn vor mich hin. Auf dem Titelblatt stand: »Reisen allein«, die Schriftzeichen waren rund und geschwungen, so wie schülerhaft penibel mit Filzstift gemalt. Dazu war ein allzu schlichtes Hotelzimmer mit einem schmalen Einzelbett abgebildet, neben dem ein einzelner leerer Massagesessel stand. »Einmal ganz egoistisch ausspannen«, lautete die Unterzeile.

»Die ganzen Orte sind ziemlich nah an Tokio«, erklärte die Reiseberaterin und fing an zu blättern.

»Kann ich so eine Broschüre mitnehmen?«, fragte ich. Sie fing wieder an zu suchen.

»Nein, wir haben davon nur eine, die Nachfrage ist nicht so groß. Aber wenn Sie bei Japan Travel Bureau vorbeigehen – da gibt es die.«

Ich bedankte mich und ging. Bildete ich mir das ein, oder klang der Chor von Stimmen hinter mir, »Vielen Dank und auf Wiedersehen«, etwas misstrauisch?

Man fährt in Japan nicht einfach allein zum Spaß weg.

Also buchte ich meine Reise ohne Single-Diskriminierung online. Eines der wenigen Ziele, das nach Auswahl der Personenzahl »1« übrig blieb, war Shimoda auf der Halbinsel Izu, wo auch Kenjis Heimatort Atami liegt.

Hier wachsen Palmen wie in den Tropen und zugleich Bambus und Zedern. Die Büsche auf den sanften Hügeln leuchten sattgrün. Im heißen Bad des Hotels raubte mir der Blick den Atem. Eines der dampfenden Becken lag außen Richtung Meer und war links und rechts von Palmen und anderem exotischen Gewächs eingerahmt. Ich weichte nackt im heißen Wasser ein und schaute zuerst auf eine sanft geschwungene Bucht mit einer schroff abfallenden Felsküste; dahinter lag einer dieser knubbeligen vulkanischen Hügel, sattgrün von Büschen überzogen. Den Rest des Blickfelds nahm das Meer ein, vorne blass-, hinten tiefblau. Eine tiefstehende goldgelbe Sonne schickte leuchtende Strahlen durch dieses Gemälde.

Im warmen Shimoda suchte ich abends erst mal die lustige Beschriftung. Es gibt in jedem japanischen Hotelzimmer ein Schild, das der Hotelmanager selbst getextet hat, ohne es korrigieren zu lassen. Diesmal klebte das Schild am Haartrockner. »Do not use for the other purpose.« – Das klang so, als gebe es noch eine ganz bestimmte andere Anwendung für den Föhn, wahrscheinlich eine völlig unaussprechliche Sexualpraktik, die aber doch jedem in Japan so geläufig ist, dass der durchschnittliche Hotelbesucher sofort weiß, was gemeint ist.

Zu Fuß auf dem Weg in den nächsten Ort zum Essen pflegte ich meine Verdächtigungsfantasien. Das überkam mich öfter, wenn ich in Japan allein in abgelegenen Hotels wohnte. Der Ausländer würde immer der Verdächtige sein, wenn in dem Hotel ein Verbrechen geschähe (ein ordentlicher Mensch reist schließlich in der Gruppe oder zumindest zu zweit). Was, wenn jemand am Pool eine Videokamera klaute, aus einem Zimmer eine Geldbörse verschwände? Was, wenn plötzlich eine Leiche im Aufzug lag, durchsiebt von Einschusslöchern? Wird die Polizei den Mafiabaron in der Fürstensuite verdächtigen? Nein, sie wird als Erstes an den Ausländer denken. Da würde ich dann sitzen, und der Kommissar würde fragen: »Wo waren Sie um …« – während ich das fantasierte, sah ich in der Realität auf die Uhr im Handy – »…19 Uhr 14, während der Täter den Hotelsafe mit einem Schweißbrenner knackte?«

»Ich ging an einer einsamen Küste entlang«, sagte ich in meiner Fantasie noch mit dem Vertrauen in meine Unschuld.

»Ein DNA-Test wird Sie überführen!«, brüllte mir der Kommissar in meiner Fantasie ins Gesicht. Neulich erst war die Geschichte von dem Busfahrer ans Licht gekommen, der nach einem falschen DNA-Test im Knast saß.

Die ersten Restaurants tauchten am Rand auf. Warum hießen diese Läden eigentlich wirklich und wahrhaftig »Fischrestaurant zur Möwe« oder »Bambus. Traditionelle Küche«? Finden die Besitzer keine noch klischeehafteren Namen?

Ich ging ins »Schwarze Schiff«, Untertitel: Hier schmeckt's wie bei Muttern. Mit schwarz angestrichenen Schiffen war der amerikanische Commodore Perry vor 150 Jahren in dieser Bucht gelandet und hatte am Ende die Öffnung Japans erzwungen. Ich schob die Tür auf und war froh, ein junges japanisches Paar zu sehen, das am Tresen aß und trank. Dahinter kochten zwei alte Leute – die uralte Mutter und ihr betagter Sohn. Die Mutter war, wie so oft in Japan, die munterere von beiden.

Noch während ich mein Menü aus Sashimi, Misosuppe, eingelegtem Tofu und kleinen Köstlichenkeiten aß, begann, was ich befürchtete hatte. Die Alte machte Konversation und schreckte vor nichts zurück. Aus Sicht der anderen beiden Gäste wählte sie einen ziemlich steilen Einstieg.

›Da sitzt ja ein ganz schöner Gegensatz in meinem Lokal, du da drüben hast dunkelbraune Haut und der Ausländer hier ist ganz weiß.‹

Japaner werden nicht gern dunkel genannt, das entspricht nicht dem Schönheitsideal. Und auch ich gefalle mir braun gebrannt besser als so gruftweiß wie nach langen Arbeitswochen.

»Na, immer noch besser als die Affen, die vom Hügel herunterkommen«, erzählte die Alte weiter. »Wisst ihr, dass die hier in der Gegend in der Lage sind, Türen aufzumachen?«

Wir machten Laute des Erstaunens.

»Ja, wirklich. Dann suchen sie im Wohnzimmer den Buddha-Altar für die Verstorbenen und klauen das Obst von der Opferschale.«

Sie plapperte munter weiter: »Mit wem bist du denn hier, wo ist deine Freundin?«

»Ich reise allein.«

»Also nein, das geht doch nicht. Das ist doch langweilig, und dann schmeckt auch das Essen nicht.« Zum Trost gab sie mir einen Krug von dem örtlichen Reisbranntwein aus – so bedauerte sie einen, der allein verreisen musste.

Japans Gruppenbewusstsein in der konservativen Gesellschaft macht es den Leuten manchmal schwer, den passenden Partner zum Heiraten zu finden. Auf ihrer Wahl lasten einfach die Erwartungen von zu vielen Leuten. Viele junge Frauen bleiben heute daher einfach Single.

Um den richtigen Partner zu finden, der wirklich alle Seiten zufriedenstellt, legen sich die Japaner ziemlich krumm. Immerhin müssen nicht nur die Schwiegereltern, sondern auch der Arbeitgeber und das sonstige soziale Umfeld einverstanden sein. Ein ganzes Buch, »Das Zeitalter der Ehepartnersuche«, beschäftigt sich mit dem Phänomen, das in

Japan unter dem Stichwort »Konkatsu« läuft, »Heiratsaktivitäten«. Der Verlag hat binnen eines Jahres 200 000 Exemplare verkauft und druckt fleißig nach. Autor Masahiro Yamada nennt das Problem offen beim Namen: Die Verkupplung durch die älteren Damen in der Nachbarschaft oder professionelle Heiratsvermittler hat aufgehört, aber Japan hat keinen geeigneten Ersatz gefunden.

Der Unterwäschehersteller Triumph hat sogar einen Konkatsu-Büstenhalter entwickelt, mit einer Uhr auf der Innenseite, die sich nur durch das Einführen eines Eherings stoppen lässt. In Baseballstadien gibt es Blöcke mit Konkatsu-Sitzen für ehewillige Männer und Frauen. Weil alle, die da sitzen, wissen, woran sie sind, können sie zwanglos ins Gespräch kommen. Alle anderen sind schließlich auch Singles, oder sie haben die falsche Karte gekauft.

Der Stadtrat meines Viertels organisiert Konkatsu-Partys, um die Geburtenrate endlich zu erhöhen. Ein lose befreundeter Journalist in meinem Alter erzählte kürzlich bei einer Jahres-Vergessens-Feier, dass er gerade geheiratet habe. »Meine Frau hatte mir der Ressortleiter vorgestellt und zur Hochzeit empfohlen. Da habe ich sie gleich genommen, das erschien mir eine gute Gelegenheit zu sein«, erzählte er ganz locker. Die Gruppe – hier die Firma – sorgt im richtigen Japan auch für die Brautschau.

Auch Akiko hatte es offenbar nicht einfach. Über ihre Partnersuche redeten wir länger bei einem Trip in die Berge. Kenji war immer noch dabei, den Sinn seines Autos unter Beweis zu stellen, und fuhr uns zur »Schlucht des aufgestiegenen Eremiten«, Shosenkyo. Aus der Schlucht führte eine Seilbahn auf den Eremitenberg. Von der Bergstation mit allen Annehmlichkeiten wie Restaurant, einem Schrein und zwanzig Getränkeautomaten führte ein Waldweg in Richtung des eigentlichen Gipfels. Diese Ecke Honshus sah aus wie eine Berglandschaft in Süddeutschland. Wir liefen auf losem Laub durch Mischwald.

Das Gespräch drehte sich schon bald um die Partnerwahl.

»Für Akiko wird die Zeit knapp«, provozierte Kenji. Das Bergklima schien Akiko gesprächig gemacht zu haben. Heute redete sie von Heirat, von geeigneten und ungeeigneten Männern, und sogar von Kindern.

»Die Typen haben alle so komische Erwartungen«, sagte sie. »Vor allem die mit Geld wollen, dass ich meinen Job aufgebe, um ihre Kinder liebevoll aufzuziehen.«

»Was ist so schlimm daran, sich aushalten zu lassen?«, frage Kenji. Er lief einige Meter neben dem Weg oben am Hang.

Akiko warf ihm nur einen verächtlichen Blick zu.

»Dann such dir doch jemanden mit weniger Geld, als du selbst hast«, schlug ich vor.

Akiko: »Romantiker! Wie soll ich mir denn dann die Studiengebühren für das Kind leisten?«

»Wie wäre es, wenn du deinem Herzen folgst?«, fragte Kenji.

»Die tollen Männer sind schon vergeben.«

Das konnte nicht stimmen, denn die meisten Japaner heiraten erst in den Dreißigern.

»Was ist mit Yusuke?«

Es wirkte immer mal wieder so, als seien die beiden zusammen, was Akiko jedoch jedes Mal bestritt.

»Du willst doch nicht im Ernst vorschlagen, dass ich Yusuke heirate?«

Noch vor wenigen Jahrzehnten war auch in Japan die Welt noch in Ordnung gewesen. Alle haben Mitte zwanzig geheiratet. Alle. Die Firma übte subtilen Druck auf 25-Jährige beiderlei Geschlechts aus, die noch nicht vergeben waren. »Hör mal, Kunio-kun, nur wer in ordentlichen Verhältnissen lebt, wird Assistent des Abteilungsleiters«, sagte der Hauptabteilungsleiter halb im Scherz beim allabendlichen Saufengehen. Wer heiratete, erhielt automatisch mehr Geld. Die einfachste Lösung war also, sich am Kopierer mit einer der niedlichen Office-Ladys des gleichen Unternehmens anzufreunden, sie zu ehelichen und alsbald zu schwängern. Wegen der gründlichen Festlegung auf die Frauen- und Männerrollen war diese Wahl für beide Seiten meistens gar nicht mal so falsch. Die Office-Lady verließ nach der Hochzeit selbstverständlich das Unternehmen und widmete sich ihren Pflichten als Hausfrau. Fortan stand sie morgens an der Tür und winkte ihrem Göttergatten, der mit seinem Toyota in die Firma rauschte. Das Unternehmen stellte an ihrer Stelle eine frische, aber ansonsten identische Zwanzigjährige an. In den besseren Schichten suchten in den Achtzigerjahren noch Heiratsvermittler nach passenden Söhnen und Töchtern, um die Erbhöfe von Politikern und Industriedynastien zu erhalten.

Vorbei. Sogar der kaiserliche Kronprinz hat eine junge Frau aus dem niedrigen Adel geheiratet, fast eine Bürgerliche. Für die Japaner wird Selbstverwirklichung zwar nie so wichtig werden wie für Europäer, aber in der Partnerwahl sind sie anspruchsvoller geworden. Die Männer sind dabei immer noch pflegeleicht. Sie würden vermutlich weiterhin

eine liebe kleine Frau nehmen, die zu Hause die Futons aus-
schüttelt und das Baby stillt, während sie ihre Überstunden
absitzen. Probleme bekommen vor allem Frauen wie Akiko.

Selbst schuld, sagen die Ultrakonservativen. Der Gouverneur von Tokio hat einmal erklärt: »Alte Frauen, die keine
Reproduktionsfunktion mehr haben, sind nutzlos.« Der evo-
lutionäre Sinn einer Frau liege in ihrer Gebärfunktion, erklärte Shintaro Ishihara.

Doch die heutigen jungen Frauen wollen lieber etwas mit
ihrem Uni-Abschluss anfangen und Karriere machen, statt
sich von irgend so einem Typen auf der Nase herumtanzen
zu lassen und fürs Babygeschrei da zu sein.

»Was ist denn falsch an Yusuke?«, fragte ich so unschuldig
wie möglich.

»Ach, Yusuke ist ein guter Kerl …«, sagte Akiko. »Ich verstehe mich mit ihm echt gut. Aber er liest nie Bücher und
kommt nicht pünktlich.«

Wir bogen um eine Ecke.

»Das kann doch noch nicht der Punkt sein.«

»Nein, der kommt erst da vorne, wo es zwischen den Fel-
sen langgeht«, sagte Kenji.

»Entschuldigt mein unklares Japanisch. Ich meine nicht
den Aussichtspunkt, sondern den entscheidenden Fehler von
Yusuke.«

Akiko sagte eine Weile nichts. Wir überquerten einen glatten Felsrücken, über den der Wind pfiff. Kenji zeigte auf
die Spitze des Berges Fuji, den wir von hier aus zum ersten
Mal sehen konnten. Wir mussten uns durch eine enge Fels-
spalte schieben und konnten einige Metallstufen zum Gipfel hinaufklettern. Zedern dekorierten den Ausblick. Am

Rand einer Ebene mit Städten und Teefeldern erhob sich der Kegel des heiligen Berges vor uns. Zu dieser Jahreszeit war die obere Hälfte weiß beschneit. Der Himmel strahlte blau, nur über dem Fuji schwebte eine kleine runde Wattewolke.

»Unglaublich!« – »Wow!«, sagten meine Japaner und ich. Mit klammen Fingern fummelten wir an unseren Digitalkameras herum und versuchten, den Vulkankegel heranzuholen. Auf der Digitalanzeige sah er plötzlich viel kleiner aus als mit bloßem Auge.

Auf dem Rückweg sagte Akiko die Wahrheit.

»Yusuke arbeitet halt nur als Fahrer für die Schwarze Katze.« Das war der Gepäckdienst.

»Ein ehrenwerter Beruf. Diese Leute halten Japan zusammen«, sagte ich.

Akiko fand das nicht hilfreich, wie ich ihrem Blick ansah.

»Deine Eltern wären von Yusuke irritiert?«, fragte Kenji.

Akiko nickte. Da waren sie wieder, die Zwänge der Traditionen.

Für einen Außenseiter, der nicht den Komplikationen der japanischen Gesellschaft unterworfen ist, lebt es sich dagegen in Japan prima. Tokio hat mehr Michelin-Sterne als Paris und New York zusammen, hier hängen mehr Expressionisten als in deutschen Kulturstädten, hier legen mehr DJs auf als in Berlin, und der nächste Badeort mit Vulkanquellen ist immer nur eine Stunde entfernt. Dennoch möchte ich mich nicht in die lange Reihe der Leute einreihen, die auf den Heiligen Inseln hängenbleiben.

Grund fürs Hierbleiben ist meist die japanisch-deutsche Ehe, die unberechenbar zuschlägt und harmlose Kurzzeitbesucher für die Ewigkeit zwischen Shintô-Schrein und Sushi festkettet.

Die deutsch-japanische Ehe lässt sich oft erst einmal prima an. Dazu habe ich eine Theorie. Ich stelle mir das als den Effekt einer semipermeablen Membran vor. Ich weiß, das klingt etwas abgedreht. Aber halbdurchlässige Membranen machen in der Biologie vieles möglich. Das Funktionieren der Zellen beruht auf Häutchen, die bestimmte Teilchen durchlassen, andere aber zurückweisen.

So ähnlich sieht nun das Geheimnis der japanisch-deutschen Ehe aus. Die Partner sehen sich mit den Augen einer anderen Kultur. Sie bewerten Aussehen, gesellschaftlichen Status und Coolness völlig anders. Ein Europäer, der in seiner Heimat nicht viel hermacht, kann in Japan ziemlich gut ankommen. Die Japaner sehen nur weiße Haut, Körpergröße und den vermeintlichen Elitestatus des Mitarbeiters, den seine Firma ins wichtige Japan schickt. Gerade die negativen Details kommen dagegen nicht durch die interkulturelle Membran hindurch.

Miguel zeigte öfter mal ein Foto aus Kolumbien herum, das ihn als etwa Zwanzigjährigen zeigte, nachdem ihm sein kleiner Bruder versehentlich die Schneidezähne ausgetreten hatte. Aus Scherz lächelte er breit in die Kamera. Er zeigte das Foto Japanern. »Wow!«, sagten japanische Mädchen. »Das ist wirklich auffällig!«

»Ja, das mit dem Zahn war schon so eine harte Sache«, sagte Miguel.

»Zahn? Nein, auf der Brust, das Brusthaar, das ist ja wirklich völlig erstaunlich. Habt ihr alle so viel Haare am Körper?«

Auch im Alltag wirkt für gemischte Paare die halbdurchlässige Membran, zum Wohle der Beziehung. Die Partner verstehen sich schon irgendwie, aber letztlich doch nicht vollständig. Das lässt Raum für Auslegungen. Im Zustand der Verliebtheit fallen sie zwangsläufig zugunsten der Beziehung aus.

Später verkehrt sich dieser Vorteil jedoch in einen Nachteil.

Deutsche sind überzeugt, dass sie ihrer Partnerin oder ihrem Partner den größten Gefallen tun, indem sie über alles reden. Probleme ausdiskutieren. Die Nipponesen wünschen sich dagegen, die Schwierigkeiten da zu lassen, wo sie ihrer Meinung nach hingehören: unterm Teppich. Wenn *er* (Deutscher) mit einem Glas Rotwein in der Hand ins Wohnzimmer tritt und sagt: »Schatz, ich muss mit dir reden«, dann erschrickt *sie* (Japanerin) im Allgemeinen bereits.

Akiko und ich legten eines Nachts in Shinjuku in einer Bar unser Wissen über Miguels und Sachikos Ehe zusammen. Ich war mit Miguel befreundet, Akiko verstand sich inzwischen mit Sachiko sehr gut.

Miguel hatte – christlichem Geständniszwang folgend – einen Seitensprung zugegeben, und Sachiko hatte entsetzt gefragt: »Warum hast du mir das gesagt? Musstest du mir das antun? Hättest du das nicht einfach mit dir selbst ausmachen können wie alle anderen!?«

Er glaubte, die Botschaft verstanden zu haben, und flirtete fortan auf Dienstreisen fröhlich mit anderen Frauen. »Es ist ihr nur wichtig, dass ich es gut verstecke«, meinte er allen Ernstes zu mir. Miguel war wirklich davon überzeugt, den Stein der Weisen gefunden zu haben. »Das ist halt die japanische Kultur«, behauptete er. »Ich habe das alles im Internet nachgelesen. Weil Jesus nie da war, gilt keine Moral. Jedenfalls keine, die was mit dem Gewissen zu tun hätte. Nur der äußere Anschein zählt.«

Akiko wusste dagegen zu erzählen, dass Sachiko Miguel grundsätzlich für treu hielt, aber langsam immer misstrauischer wurde. Mensch, was wäre ich gerne dabei, wenn die Sache doch mal herauskommt. Oder doch besser nicht. Denn sanftmütige Japanerinnen wie Sachiko werden zu heißblütigen Rachegöttinnen, wenn sie betrogen werden. Gerade weil das individuelle Gewissen nicht so wichtig ist, spielen Misstrauen und Eifersucht eine womöglich noch größere Rolle als im Westen. Miguel schien dagegen zu glauben, dass Sachiko höflich über gemeinsame Fotos mit Thailänderinnen in seiner Digitalkamera hinwegsehen werde. In Wirklichkeit wird sie ihn zerfleischen. Ich habe ihn gewarnt.

Doch am Anfang einer Beziehung über die Kontinente hinweg gibt es zunächst einmal tausend nette kulturelle Unterschiede zu entdecken – alles Belege dafür, dass die Ehepartner von völlig unterschiedlichen Planeten kommen. Oft fangen die Zwistigkeiten auf ganz banaler Ebene an, wenn die Verliebtheit verfliegt. Nach einer nicht-repräsentativen Umfrage unter deutsch-japanischen Paaren haben Deutsche in einer Beziehung vor allem zwei ärgerliche Eigenschaften. Erstens bestehen sie auf Recycling-Klopapier, obwohl es kratzt. Zweitens essen sie Milchprodukte auch nach dem Verfallsdatum.

Japan erschien mir bei meinen ersten Japan-Reisen als ideales Gegenbild zum langweiligen Deutschland mit seinem ständigen Gerede von Problemen und Schwierigkeiten. Fünfzehn Jahre später in Tokio verstand ich, dass ich einfach nur den ersten Schritt auf einem vorgegebenen Weg gegangen war. Die nähere Beschäftigung mit Japan folgte fast immer folgendem Muster:

Idealisierung – Desillusionierung – Normalisierung

Die Enttäuschung ist also geradezu unvermeidlich, doch die meisten Japan-Fans erholen sich wieder. Was in der Phase der Zweifel und Desillusionierung plötzlich unerträglich erscheint, wirkt in der nächsten Phase wieder angenehm. Während der Izakaya-Abende mit Kenji und Akiko sprachen wir praktisch nur über neue Filme und andere einfache Sachen. Streit über Politik? Mit Japanern undenkbar. Wie langweilig – oder entspannend, je nachdem, an welchem Punkt sich der Japanbesucher befindet.

Manchmal folgt dann noch eine weitere Phase:

Zornige Enttäuschung.

Sie trifft beispielsweise Ausländer, denen die japanische Frau das gemeinsame Kind mit dem Segen der Behörden komplett abspenstig macht – oder Leute, die zu Unrecht mit dem misstrauischen Gesetz in Konflikt geraten. So etwas war mir bisher erspart geblieben. Doch vielleicht war ich einfach noch nicht lange genug hier?

Gegen Ende des dritten Jahres in Japan fragte ich mich manchmal, ob ich nicht einfach bleiben sollte. Tokio war einfach viel zu schön, um wegzuziehen. Ich hatte gehört, dass ein Elektronikunternehmen einen westlichen Pressesprecher als Ansprechpartner für Auslandsmedien suchte.

Gedankenverloren starrte ich auf die Reklame an der Decke der U-Bahn. »Denken Sie manchmal an ihr künftiges Grab? – Wir haben eine Hochtechniklösung für Ihre Ewigkeit!« Der Werbung zufolge lassen sich in dieser Einrichtung einige tausend Urnen lagern und nach Eingabe der Kennnummer durch die Verwandten hervorholen – wie im automatischen Parkhaus. Die nächste Stufe ist vermutlich die Webcam des Todes, mit der die Verwandten jederzeit einen Blick auf Oma werfen können. Ich kam zu einem Entschluss.

Jetzt schon so eine Ikebana-Leiche im rundum bequemen Tokio zu werden, das kam gar nicht in Frage. Ich wollte noch mehr von der Welt sehen und nicht hier hängenbleiben wie Miguel.

Letztlich hatte ich in Japan bei aller Liebe zu oft das Gefühl, nicht dazuzugehören oder etwas falsch zu machen. Selbst in manchem Grillspießchenladen war ich kurz davor, mich für die Unannehmlichkeiten zu entschuldigen, die wir als Ausländer durch unsere Anwesenheit machten. Sicher nahmen die anderen Gäste irgendwie Anstoß an uns, oder wir waren zu laut und störten die Atmosphäre. Auch mit Japanern zusammen hatte ich manchmal das Gefühl, nicht ganz hinzupassen. Ich würde immer der seltsame Ausländer bleiben, der beim Dinner mehr Aufmerksamkeit bekommt, als er verdient, einfach weil er Japanisch kann. Ich beschloss weiterzuziehen, wenn sich eine Gelegenheit ergab.

Epilog

»Wir sind doch keine Teenager mehr«, mäkelte ich.

»Hä?«, wunderte sich Kenji. »Wir gehen doch im Sommer *immer* hierhin.« Japaner müssen halt alles so machen, wie sie es schon immer gemacht haben.

»Wir hätten ja auch mal *woanders* hingehen können«, sagte ich und klang dabei vielleicht etwas gereizt.

Akiko schrieb derweil eine Nachricht mit ihrem Handy. »Yusuke ist zu spät, mal sehen, wo er bleibt.«

Ich blickte auf die Uhr. Es war erst fünf Minuten nach der verabredeten Zeit. Aber in Japan ist zu früh eben gerade pünktlich.

Wir standen unter einem schwarzblauen Abendhimmel auf dem Dach des Kaufhauses »Tokyu«. Sirrend blendete uns eine rot-blaue Leuchtreklame, die sich mannshoch hinter uns erhob. Die Werbetafeln und Großbildschirme an den Hochhäusern ringsum blinkten uns ebenfalls auf Augenhöhe an. »DC Visa«, leuchtete es da, »Yen Shop Takefuji«, »Sankyo«. Akikos Handy vibrierte.

»Es ist Yusuke, er muss noch Überstunden machen und kommt zu spät. Er will, dass wir hier auf ihn warten. Das hätte er uns ja wohl auch früher sagen können.«

Ich beschloss, von Yusuke abzulenken und meine Bombe platzen zu lassen. »Ich gehe wieder weg aus Japan.«

Laute des Erstaunens.

»Meine Firma versetzt mich nach China«, setzte ich hinzu.

»Könntest du dir nicht stattdessen hier in Tokio einen Job suchen?«, fragte Kenji. »Bei uns in der Presseabteilung laufen auch immer so ein paar Ausländer herum.«

»Es geht nicht nur um den Job. In China ist einfach mehr los.«

Kenji war anzusehen, dass ihn das in seinem japanischen Stolz verletzte. Aber als Zeitungleser verstand er sofort, was ich meinte. »Von da gibt es vermutlich zehnmal mehr Neues zu berichten als von hier.«

Wir warteten auf Yusuke und spähten solange durch den hölzernen Zaun an der Hochhauskante auf den Busbahnhof vor dem Kaufhaus hinab. Werbebildschirme warfen aus allen Richtungen gelbe, grüne und pinke Lichtstrahlen auf uns. Unten zogen Tausende von durchgestylten Teenagern vorbei.

»Ich fand Japan wirklich aufregend und habe hier viel erlebt, aber irgendwie verändert sich nichts mehr«, sagte ich.

»Selbst schuld, wenn du lieber da drüben wohnen willst als bei uns Tokio«, sagte Akiko.

»Natürlich ist es in Japan schöner. Aber selbst hier in Shibuya sieht es doch immer noch genauso aus wie bei Kenjis und meinem ersten gemeinsamen Besuch.«

»Vor 15 Jahren«, rechnete Kenji aus.

»Ja, vor 15 Jahren.«

Tokio von oben, mein Blick streifte über die erleuchtete Stadt. Ich spürte, wie Traurigkeit in mir aufstieg, aber auch Vorfreude. Peking, das würde noch einmal eine völlig neue Erfahrung werden, da war ich mir sicher.

Dank

Ohne Akiko, Kenji, Miguel, Yusuke und die anderen Personen, mit denen ich Tokio erlebt habe, wäre dieses Buch nicht möglich gewesen. Sie tragen hier falsche Namen, genau wie mancher Ortsname für einen anderen Platz steht, an dem ich Ähnliches erlebt habe.

Meinen wundervollen Lektorinnen Claudia Negele und Wiebke Irlenkäuser danke ich herzlich für die Bearbeitung des Manuskripts, sowie meiner Agentin Diana Stübs für die Starthilfe.

Im Internet finden Sie mich unter Tokio-Total.de.

Um die ganze Welt des
GOLDMANN-*Sachbuch*-Programms
kennenzulernen, besuchen Sie uns doch
im Internet unter:

www.goldmann-verlag.de

Dort können Sie
  nach weiteren interessanten Büchern *stöbern*,
  Näheres über unsere *Autoren* erfahren,
  in *Leseproben* blättern, alle *Termine* zu Lesungen und
  Events finden und den *Newsletter* mit interessanten
  Neuigkeiten, Gewinnspielen etc. abonnieren.

Ein *Gesamtverzeichnis* aller Goldmann Bücher finden
Sie dort ebenfalls.

Sehen Sie sich auch unsere *Videos* auf YouTube an und
werden Sie ein *Facebook*-Fan des Goldmann Verlags!

www.goldmann-verlag.de
www.facebook.com/goldmannverlag